LE

CACIQUE

JOURNAL D'UN MARIN

POISSY. — TYP. ET STÉR. DE A. BOURET

LE

CACIQUE

JOURNAL D'UN MARIN

PAR

HENRI RIVIÈRE

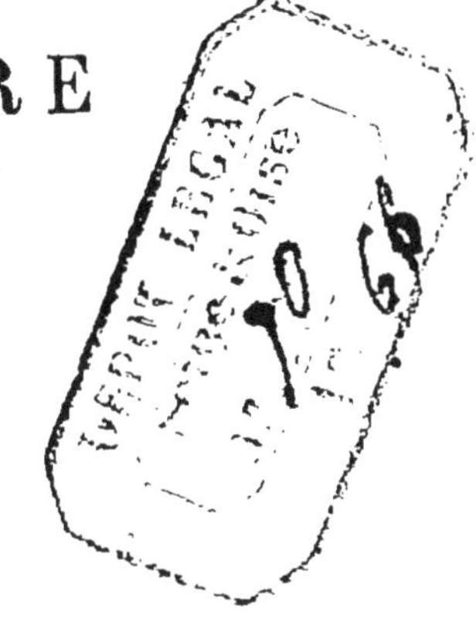

PARIS

MICHEL LÉVY FRÈRES, LIBRAIRES ÉDITEURS

RUE VIVIENNE, 2 BIS, ET BOULEVARD DES ITALIENS, 15

A LA LIBRAIRIE NOUVELLE

1866

A

SON ALTESSE ROYALE

MONSEIGNEUR LE PRINCE MURAT

MONSEIGNEUR,

En écrivant *Le Cacique*, j'ai tenté de réunir les impressions et les souvenirs épars d'une heureuse et trop courte campagne. J'ai tenté surtout de retracer le vif attachement que Votre Altesse a inspiré à chacun de nous, état-major et équipage. Je viens aujourd'hui vous prier d'accepter ce livre comme le modeste hommage de ma reconnaissance et de mon dévouement.

Je suis avec le plus profond respect,

Monseigneur,

de Votre Altesse Royale,

le très-humble et très-obéissant serviteur

HENRI RIVIÈRE

LE

CACIQUE

JOURNAL D'UN MARIN.

I

Toulon, 31 août 1864.

Le 23 août 1864, *le Cacique*, n'ayant plus que ses bas mâts, sans voiles ni gréement, ses soutes vides, ses sabords dégarnis de canons, était relégué dans un coin du port de Toulon. Sa maistrance et à peine une dizaine d'hommes chargés d'entretenir la machine et la propreté du navire, l'habitaient seuls. Il dormait là du sommeil des vieux serviteurs après de longues fatigues. Il l'avait bien gagné, car il n'est plus jeune. Depuis plus de vingt ans il a couru d'un bout à l'autre des mers. Il en est des navires comme des hommes; il est rare que les années glissent sur eux sans laisser de traces. Le pont de ce pauvre *Cacique* avait de larges coutures. Ses flancs, si longtemps et si rudement secoués, s'étaient çà et là quelque peu déformés. Avec ses grands tambours et les 450 chevaux de sa machine il n'avait jamais eu la taille fine. Il l'avait alors moins que jamais, diminué de hauteur par l'absence de ses mâts, ayant dénoué sa ceinture de canons et ne cachant plus que sous une couche parcimonieuse de peinture les rugosités de ses membres. Il n'était pas jusqu'à sa figure de proue qui ne se ressentît des outrages du temps et de l'abandon de l'heure présente. J'aime pour ma part ces emblèmes décoratifs qui sont la représentation originale, naïve ou pittoresque, presque vivante du navire lui-même. Le premier bâtiment sur lequel j'ai navigué s'appelait *la Brillante*. Sa figure de proue était une jeune femme qui avait les cheveux en torsades et le sein d'Amphitrite. Elle s'avançait toute blanche au-dessus des flots comme une déesse. Plus tard, sur *le Jupiter*, le maître de l'Olympe, à la barbe floconneuse, au bras droit étendu, avait la main pleine de foudres. Autrefois, au grand temps de la marine française sous Louis XIV, c'étaient Puget et ses élèves qui sculptaient à Toulon les figures de proue et les cariatides au balcon des vaisseaux. Aujourd'hui, ce sont de simples ouvriers de l'atelier de sculpture dans les ports, des artistes ignorés dont l'œuvre n'est point signée. Mais dans ce bois qu'ils fouillent à peine équarri, dans ces formes frustes de la sculpture maritime assemblées par des boulons, éclate souvent une pensée heureuse. Les aigles, aux ailes éployées d'une envergure colossale, au bec énorme et recourbé, debout, la foudre aux serres, à l'avant de nos navires cuirassés, précipitent bien le vol de ces lourdes et sinistres masses de fer et de feu. Quant au *Cacique* pour revenir à lui, il est plus débonnaire. C'est un honnête Indien, quelque prédécesseur de Montézuma ou de Guatimozin, au teint cuivré et à l'œil tranquille. Sa coiffure de plumes, que le caprice de ses capitaines a dû peindre souvent de couleurs vives, est aujourd'hui d'un blanc grisâtre. Elles n'ont rien de la rigidité de l'aigrette des Sultans mais retombent en volutes avec une grâce modeste. Le cacique, doux et résigné, brillant pourtant d'un certain lustre aux derniers rayons d'un soleil d'août, apparaissait lui-même fatigué et vieilli, comme le digne bâtiment dont il avait partagé les destinées.

Ces destinées allaient changer, mais de façon à étonner *le Cacique*, lorsqu'il avait pour voisin *la Reine-Hortense*. Il était décidé, en effet, qu'on allait lui rendre ses canons et disposer ses appartements pour recevoir d'augustes personnages. Ce vieil athlète des navigations lointaines et des transports de troupes se transformait en yacht. Cette décision, étrange en apparence, était au fond la plus sensée qu'on pût prendre. *La Reine-Hortense*, un des yachts impériaux, est admirable de formes et le plus charmant navire peut-être de toutes les marines de l'Europe. Mais cet alcyon de la mer monte trop légèrement à la cime du flot et retombe trop rapidement avec lui dans l'abîme qu'il se creuse. Des navigateurs improvisés y eussent payé un trop cher tribut à Neptune. *Le Cacique*, au contraire, qui pèse avec majesté sur les eaux, ne s'inquiète pas de leurs demi-colères ni des vagues turbulentes qui rejaillissent sans l'ébranler aux deux côtés de sa proue. En les ornant d'un peu de brocatelle, il a de belles chambres dont les larges sabords laissent entrer l'air et le soleil. Il a enfin une vaste passerelle d'où l'on découvre comme d'un amphithéâtre le panorama changeant de la mer et des côtes. Dès le lendemain son équipage était à bord, et ce fut pendant cinq jours, dans toute l'étendue de son pont et dans les profondeurs de ses flancs, un immense désordre où l'œil seul d'un marin pouvait se reconnaître. Les matelots guindaient les mâts et mettaient en place le gréement, pendant que les canonniers embarquaient les canons et les roulaient sur le pont, que les charpentiers réparaient et dont les calfats brayaient les coutures.

En même temps des corvées fournies par le port apportaient les vivres, les approvisionnements et les rechanges; les peintres peignaient les murailles et l'extérieur, et les forçats s'alignaient en longues files pour embarquer le charbon. Le 26 août au soir *le Cacique* était prêt. Ces miracles de promptitude d'armement se renouvellent souvent dans nos ports. Il suffit de quelques jours pour qu'un bâtiment destiné à une campagne de guerre ou de plaisir puisse prendre la mer. Quand il est armé, on le dispose en quelques minutes pour le combat, en quelques heures pour un bal.

II

Marseille, 1er septembre.

Marseille est une très-belle ville qui paraît grande quand on vient de Toulon et petite quand on vient de Paris. Lorsqu'on y demeure on y rencontre des distractions imprévues et piquantes. La promenade du Prado, toute bordée d'élégantes et riches villas cachées sous les arbres, est fort jolie. On se plaît à la bruyante animation des rues, à la forêt de mâts qui sert de perspective à la Canebière. On s'y rappelle sans trop en sourire le vieux dicton des Marseillais : « Si Paris avait la Canebière ce serait un petit Marseille. » Mais Marseille, comme Lyon, comme Bordeaux, ne sera jamais qu'une grande ville de province. On sent trop que chacun ne s'y occupe que de ses affaires ou ne court qu'à de vulgaires plaisirs. Il lui manque ce qui fait le charme et la vivante célébrité d'une ville, le mouvement de la pensée et des arts. C'est ce mouvement qui fait de Paris, bien plus que sa grandeur, la capitale du monde. Et la petite et paresseuse Florence, mieux qu'elle ne le serait par tous les prodiges de l'activité humaine, est immortelle par ses chefs-d'œuvre.

Je n'ai pas l'intention de décrire avec une exactitude de monuments et d'aspect les villes que je verrai. Les villes n'existent guères pour moi que par les émotions qu'elles me donnent ou ceux de mes souvenirs qu'elles ravivent. Alors seulement elles m'apparaissent sous un jour original ou touchant. Je me rappelle qu'à Marseille, il y a quelques années, j'allai dîner à la Réserve. C'était un restaurant situé sur la hauteur et de l'autre côté du port. A la fin du repas nous écartâmes les rideaux de la terrasse où nous étions et nous vîmes Marseille devant nous et à nos pieds. A la clarté presque brumeuse du crépuscule les quartiers du vieux Marseille s'étageaient en masses sombres que pointillaient de lueurs rouges les lumières s'allumant de tous côtés. Dans le port, frappées obliquement des premiers rayons de la lune, se dessinaient avec une parfaite netteté les grandes et fines silhouettes des navires. La mer, çà et là moirée de bandes d'argent, se gonflait avec un doux murmure, les travaux du jour avaient cessé. La ville et le ciel étaient calmes. C'était mélancolique et charmant comme une marine de Joseph Vernet. Il n'y manquait que le grand navire classique qui entre dans le port à toutes voiles et la barque au tendelet de velours où quelque belle dame pose coquettement sa mule, tandis qu'un gentilhomme, l'épée en verrouil, lui offre le poing pour s'appuyer. Ces élégants personnages se détachaient d'une façon vive sur le fond brun des costumes d'ouvriers et de matelots. Aujourd'hui, par suite des progrès de nos mœurs, il n'y a plus de ces contrastes favorables à l'art. La palette du peintre s'éparpille en tons criards pour reproduire l'aspect bariolé de la foule. On fera la photographie des ports, mais on ne peindra plus avec cette saisissante opposition de couleurs qui frappe à la fois l'imagination et le regard, que la mer et ses vaisseaux.

Une autre fois — c'était le 10 mai 1859 — le yacht *la Reine-Hortense* était accosté par l'arrière à ce même quai de Marseille. Un radeau recouvert de tapis et conduisant jusqu'à l'échelle de commandement séparait *la Reine-Hortense* de *la Mouette*, où se pressaient en toilette les plus élégantes femmes de la ville. Sur les quais, dans les rues voisines, à toutes les fenêtres des maisons, sur les toits, était répandue une foule immense. Il y avait dans tout ce peuple un frémissement inouï d'attente et de désir. Tout à coup on annonça les voitures de l'Empereur. Il descendit tout poudreux, le front impassible, les traits bienveillants et calmes, l'œil profond et chargé ce jour-là d'une flamme intense qui s'échappait au dehors. Il monta sur *la Reine-Hortense*, suivi de son état-major. Quand l'élégant et frêle navire qui portait César et sa fortune largua ses amarres et commença de s'ébranler, des acclamations enthousiastes avec un indéfinissable accent de dévouement, d'émotion, de belliqueuse ardeur, s'élevèrent de toutes parts. Dans le cœur de cette population de Marseille battait le cœur de la France entière. L'empereur partait pour la guerre d'Italie et la France l'accompagnait au départ de ses regrets et de ses vœux avec un attendrissement mâle, avec la poésie des souvenirs et des espérances qu'évoquait ce nom seul de l'Italie. Le soir, vers six heures, au moment où le bâtiment déjà loin du port s'avançait rapidement sur les flots, l'Empereur s'accouda sur le bastingage à babord. Il y resta jusqu'à huit heures, l'œil fixé sur les côtes de France que couronnait une brume légère et que la nuit qui s'approchait voilait par degrés. Il ne les quitta du regard que lorsque l'obscurité se fut faite. A quoi

1.

songeait-il dans cette lente contemplation, pendant cette longue rêverie? Peut-être son génie conversait-il avec cet esprit de Dieu qui flotte sur les eaux et méditait-il sur lui-même entre l'apparition du passé et la vision de l'avenir.

Le 1er septembre *le Cacique* partait non pour une campagne de guerre, mais pour une mission de plaisir. Il attendait le Prince et sa famille. A deux heures, l'équipage en grande tenue était à ses postes d'inspection; le commandant et les officiers se groupaient près de l'échelle. On venait d'annoncer la voiture du Prince. Ce fut lui qui montale premier à bord. Le Prince est un homme de haute taille, d'une noble et bienveillante physionomie. De longues moustaches, une royale, des yeux vifs sous d'épais sourcils lui donnent cette expression martiale de chevaleresque et bouillante ardeur qui s'accorde si bien avec le nom qu'il porte. Les Princesses répondirent avec grâce à notre salut et se rendirent aussitôt à leurs appartements. Elles passèrent trop vite pour que je puisse faire maintenant leurs portraits. La physionomie des femmes ne s'accuse point d'un seul coup. Elle est tout en nuances délicates et fines que saisirait mal un premier regard.

III

En mer, 3 septembre.

Le Cacique s'avance sur les flots avec une majestueuse et sage vitesse. Le ciel, comme une immense coupole d'azur bruni, s'appuie de tous les côtés à l'horizon. La respiration de la mer est douce et tranquille. De légères brises tempèrent l'ardeur du soleil. Les tentes sont faites de bout en bout sur le navire et sur la passerelle, et les hôtes du *Cacique* peuvent suivre de l'œil l'écume qu'il soulève à sa proue et le sillage argenté qu'il laisse derrière lui. Ce sont les caprices de la mer qui nous font ces belles heures de paresse et de calme ou les longues nuits de trouble et de tempête. Il y a trois mois, dans ce même sillon qu'il trace aujourd'hui, *le Ca-*

cique portait à la hâte les régiments que l'Algérie demandait à la France. Mais alors les flots se creusaient verts et agités, le vent sifflait dans les cordages, le vent chassait les nuages dans un ciel gris. Douze cents hommes piétinaient sur le pont, fatigués et malades. Aux approches de la nuit, ils se couchaient au hasard, pêle-mêle, masse inerte et vivante qui flottait par intervalles au roulis et dans laquelle l'officier de quart, en se rendant à la passerelle, ne savait où poser le pied. C'était la guerre avec les ennuis et la fatigue qui la précèdent. Triste tableau que la gloire entrevue de trop loin n'éclaire pas encore. On raconte qu'il y a un an, *la Saône*, toute chargée de troupes pour le Mexique, s'arrêta en relâche à Cadix. Les circonstances l'avaient fait partir de Toulon encombrée de matériel et d'hommes. L'impératrice se trouvait alors à Cadix avec l'*Aigle*. Elle voulut visiter ces soldats qui allaient se battre si loin de leur pays. Sa Majesté fut douloureusement émue à l'aspect de ces braves gens que les souffrances de la traversée avaient déjà éprouvés et qui la saluaient de leurs acclamations. Elle se fit conduire à l'hôpital et s'approcha d'un tout jeune homme, presque un enfant, que le mal du pays avait pris. Sans se douter qu'une toute-puissante bonté s'inquiétait de son sort, il regardait vaguement devant lui et continuait à demi-voix une monotone chanson. Sur ce voile sombre et transparent que la mort qui va venir étend sur les yeux, il voyait sans doute se détacher les grands arbres et le clocher de son village. Les sentiers de la vie lui avaient été trop rudes et il mourait presque avant d'avoir commencé sa journée. Hélas! les plus grandes choses de ce monde ne s'accomplissent qu'avec le sang des humbles.

Cependant *le Cacique* marchait sous ce beau ciel et la vie du bord suivait son cours. Il faut être marin ou avoir longtemps navigué pour comprendre l'existence qu'on mène sur un navire. C'est, selon le jour ou l'heure, le retour périodique des mêmes occupations, des mêmes plaisirs, des mêmes devoirs. Mais cette régularité est douce, sans soucis et sans entraves. Il y a en elle quelque chose de la règle intelligente d'un couvent d'autrefois. Le repas qui se prolonge, le cigare, le quart dont les heures parfois orageuses retrempent les nerfs, les livres aimés qu'on a lus, qu'on relit encore, produisent des alternatives d'activité et de repos qui ne sont point sans charme. Les jours paraissent longs quelquefois ; on s'étonne de la rapidité avec laquelle les semaines et les mois se sont écoulés. N'est-ce point qu'on est séparé de la scène bruyante du monde, qu'on ne subit ni l'amertume de ses luttes ni la joie toujours quelque peu empoisonnée de ses triomphes? C'est le calme du cloître sans ses petites querelles, c'est la pensée sereine et libre dans l'infini de la mer et du ciel. Cet état particulier de l'âme, ce far-niente de l'intelligence se résument dans une rêverie douce qui va, sans se heurter à la réalité, du passé dont on a oublié les ennuis à l'avenir plein de promesses.

Dans l'après-midi les hôtes du *Cacique* se réunissent sur la passerelle. Les Princesses s'occupent à quelque ouvrage de femmes et généralement quelqu'un fait une lecture à voix haute. On s'interrompt, on s'entretient de ce qu'on a lu. Du livre on passe à l'auteur. On le juge dans ses actes et dans ses œuvres et, au récit des passions qu'il met en scène, à l'exposé des systèmes qu'il préconise, des idées qu'il remue en philosophie, en histoire, en religion, on s'étonne de ces horizons d'azur qui se succèdent devant le navire et de ces petits flots à écume blanche qui se jouent autour de lui. On n'est qu'à vingt-quatre heures à peine de cette société dont le livre raconte les intérêts et les combats et il semble qu'on l'ait quittée à tout jamais. Parmi les ouvrages épars sur la table et dont on a coupé les premiers feuillets, sont *le Voyage en Orient* de M. de Lamartine et celui de Gérard de Nerval, *l'Itinéraire de Paris à Jérusalem* de monsieur de Châteaubriand, et *Constantinople* par Théophile Gautier. Il y a même *le Voyage du jeune Anacharsis*. Mais celui-là, qui osera l'ouvrir?

Après le dîner, on prend, en fumant, le café sur le pont et l'on cause. La conversation du Prince, qui connaît à fond les hommes et les choses, est des plus intéressantes. Il y a surtout des souvenirs de sa première enfance qui ont pour nous l'attrait de récits légendaires. Nous voyons revivre dans la familiarité de sa vie intime un roi brave et bon que l'histoire ne nous montre guères que dans les batailles, vêtu d'or et de velours au milieu de la fumée et précipitant ses cavaliers sur les masses ennemies. Il fut pendant un règne trop court l'éblouissement de son peuple, qui l'admira non sans quelque crainte tant qu'il le posséda et se prit à le regretter quand il l'eut perdu. Ses jeunes soldats qui naissaient au courage militaire se formaient vite à son école. Il est vrai que dans les loisirs de la paix il les aguerrissait d'une façon qui les faisait un peu trembler au début. Le roi avait d'excellents pistolets et la main très-sûre. Il plaçait une pipe aux dents du premier factionnaire qu'il rencontrait en sortant de son palais et cassait la pipe à vingt pas sans que le soldat, autant par prudence que par amour-propre, osât bouger. Ensuite il lui donnait vingt francs. Le soldat se mettait à rire, et le lendemain, s'achetant une pipe neuve, s'offrait de lui-même dans l'attitude voulue comme poupée à son souverain. La veille des départs pour la guerre, le prince a vu son père essayer dans la cour d'honneur ses chevaux de combat. Il les lui fallait tout à la fois immobiles au feu et courant à la mitraille comme le cerf à la source qui le désaltère. Tel maître, tel coursier. Un jour le roi partit, mais ne revint pas ou plutôt ne posa le pied sur son royaume que pour y mourir. L'enfant s'achemina vers l'exil. Il grandit loin de l'Europe, dans le Nouveau-Monde, dans la maison d'un autre roi exilé comme lui, qui était son oncle. Toute sa jeunesse s'est écoulée en Amérique, dans les États du Sud. Le roman de madame Beecher Stowe l'a bien amusé. Les véritables esclaves du Sud, ce sont le plus souvent les maîtres. Leurs nègres sont pour eux une famille de serviteurs dévoués, mais toujours enfants, qu'ils élèvent, sur lesquels ils veillent sans cesse et qu'ils ne sauraient comment rendre à la liberté; car les noirs ne veulent pas de cette prétendue indépendance qui ne devient pour eux que la nécessité et le souci du travail. Depuis 1848, le Prince est revenu en France et, dans toute sa virilité, a vécu près du trône. Ce ne sont point naturellement les événements politiques qu'il nous raconte chaque soir, mais les anecdotes de ses dernières années, les bruits du jour, quelques traits de la vie de l'Empereur marqués au coin de cette bonté qui ne l'abandonne jamais.

Les heures passent vite à l'écouter. Puis, sur n'importe quel sujet, c'est une discussion qui s'engage entre les Princesses et lui et à laquelle chacun prend part. C'est un art charmant que la causerie, mais un art exquis et rare. Il y faut non-seulement des dons naturels, mais des qualités acquises. Ce n'est point assez de l'imagination vive, de la parole abondante et facile, des à-propos spirituels, des réparties heureuses. Elle exige encore le tact le plus délicat, l'expérience pleine du monde et de la vie. Cela surtout lorsqu'entre ceux qui écoutent et ceux qui parlent il existe de hautes barrières sociales. Ces barrières, en effet, ne semblent devoir jamais s'abaisser qu'à demi. C'est alors que la réserve respectueuse doit devenir moins timide en face de l'accueil bienveillant qui lui est fait. A cette condition seulement il s'établit entre les intelligences cette espèce de courant magnétique qui donne à la causerie sa mesure vraie, son harmonie, sa physionomie attachante et colorée. Ce qu'il y a peut-être aussi de plus difficile dans l'art de causer, c'est de ne point troubler les silences qui se font à propos et de savoir sortir à temps, avec ou sans transition, de ceux qui se prolongent. Les premiers ne sont qu'une halte ; c'est le besoin de se recueillir dans les impressions inquiètes ou vives que la causerie a éveillées en nous. Ils ont lieu après un récit qui a tenu ses auditeurs en suspens, après un mot décisif ou profond qui a clos une discussion. Les seconds viennent au contraire d'une certaine paresse d'esprit. On ne s'est point encore mis en train. Les visiteurs sont venus trop tôt ou celui qui plairait n'est point parmi eux. Parfois encore la digestion n'est point faite ou l'on attend le thé. Il serait très-sage de se taire quand on n'a rien à se dire, mais, en France, dès qu'on sort de la plus stricte intimité, on ne sait point ne pas parler. Un soir à Paris je me trouvais dans un grand salon, dont l'ameublement est en damas de soie vert et que décorent avec un goût sobre et sévère quelques merveilleux objets d'art. Deux femmes étaient nonchalamment assises, chacune sur une causeuse, aux coins de la cheminée. Il y avait avec moi deux visiteurs, tous deux intimes dans la maison. L'un était sur le divan au fond de l'appartement, ne soufflait mot et travaillait peut-être. L'autre, debout, se chauffait les pieds. Le silence régnait et je regardais très-attentivement les images d'un Keepsake. Quant au maître de la maison, il était assis dans un petit fauteuil américain à bascule et dormait selon son habitude de tous les soirs, mais dans l'attitude la plus gênante. Sa tête s'était renversée en arrière et se guillotinait elle-même au dossier du fauteuil. Sa femme lui parla pour le réveiller et ne reçut pas de réponse. A un second appel il s'éveilla presque, mais en murmurant qu'il était bien ainsi et qu'on ne le dérangeât pas.

— Hé, que diable, lui dit alors le visiteur qui se chauffait les pieds, puisque vous voulez dormir, dormez au moins en honnête homme. Ne dormez point en criminel.

A ce mot-là l'illustre dormeur se réveilla tout à fait. D'ailleurs l'on apportait le thé. Il était dix heures. Quelques personnes arrivèrent et jusqu'à minuit, dans une éblouissante causerie sur Florence, sur l'Italie, sur le haut clergé de Rome dont la science égale le pénétrant esprit et la profonde finesse, il tint tous ceux qui l'écoutaient suspendus à sa parole.

IV

Alger, 7 septembre.

Le Cacique est arrivé à Alger le 4 septembre. De Marseille en Algérie, à part les îles Baléares qu'on laisse à quelque distance sur la droite, on navigue en pleine mer. De loin on aperçoit Alger comme une immense tache blanche en forme de cône sur une terre de granit. C'est la ville arabe, la Casbah. C'est un assemblage de maisons à terrasses s'échelonnant les unes au-dessus des autres presque jusqu'au faîte de la montagne sans qu'un seul arbre, aucun accident d'architecture en rompe la monotone uniformité. En approchant, on découvre au-dessous de la Casbah la ville française. Ce sont d'abord les longs môles enserrant le port et les navires à l'ancre, puis les larges rampes nouvellement construites du boulevard de l'Impératrice qui conduisent à la place du Gouvernement. Cette place est une vaste plate-forme s'appuyant pour regarder la mer sur un balcon à balustres. Elle est plantée d'arbres et bordée sur ses trois faces d'élégantes maisons. Au milieu s'élève la statue équestre du duc d'Orléans, on sait qu'elle est l'œuvre assez imparfaite du sculpteur Marochetti. Au point de vue de l'art les formes du cheval et du cavalier sont trop grêles. Mais cette statue, toute ruisselante des feux du soleil ou le soir doucement éclairée par la lune, est bien située sur la place d'Alger. Il est touchant d'y voir l'image de ce Prince qui mourut si jeune et qui, l'épée hors du fourreau, semble encore veiller sur cette terre d'Afrique où il a généreusement combattu. On dit qu'un zèle maladroit a tenté à diverses reprises de faire disparaître la statue du Prince. Heureusement on ne l'a pas écouté. La double rue de Bab-el-Oued et de Bab-Azoun forme le fond de la place et s'étend ensuite parallèlement au rivage jusqu'aux extrémités de la ville. Ces rues ont comme la rue de Rivoli de grandes arcades où se presse tout le jour une foule active et bruyante. La diversité des costumes, des races, car les Français, les Arabes, les Espagnols et les Juifs s'y coudoient à chaque instant, offre un coup d'œil aussi varié que pittoresque.

Je m'aperçois que je m'exprime comme un Guide Joanne. Mais je n'ai pas la prétention de peindre Alger. J'écris simplement les notes d'un voyageur qui passe quarante-huit heures en Afrique. Je ne fais point appel à mes souvenirs. Bien que je sois déjà venu plusieurs fois à Alger, je n'y suis jamais resté plus de quelques jours. La première fois, il y a longtemps, j'y transportais sur *le Labrador* des troupes pour l'expédition de Kabylie. La dernière fois, c'est au printemps de cette année, j'y retournais avec *le Gomer* qui portait des troupes pour étouffer l'insurrection des Flitas. J'en conclus naïvement qu'on s'y bat toujours. Et de fait il y a entre les Arabes et nous une trop grande différence d'habitudes, de goûts, de mœurs et de religion pour qu'il en soit autrement. La civilisation les étonne, les séduit quelquefois, ne les convertira jamais. Ils aiment trop la solitude et l'indépendance du désert, la vie errante dans un horizon libre. Ils n'ont pas assez de nos besoins dont leur rude constitution les dispense et que le peu d'activité de leur esprit ne leur crée pas. Ce sont des contemplateurs paresseux à la façon des Turcs. Ils jouissent physiquement de ce qu'ils voient, de la course qui les emporte, de la brise ou du parfum qui passe. L'idée n'est rien pour eux; la sensation seule les dirige. Enfin ils relèguent la femme au dernier plan des choses désirables en ce monde. Je le constate sans leur en faire maintenant un crime. Une discussion à ce sujet me mènerait trop loin. Si l'on offre à un Arabe une femme, un fusil ou un cheval, c'est le cheval qu'il choisit d'abord, le fusil ensuite et la femme en dernier lieu. — Je ne vois pas grand mal à ce que cette lutte entre les Arabes et nous se perpétue. Si la France ne se nourrit plus, comme autrefois Rome, des récoltes de l'Afrique, elle y sème des soldats qui deviennent plus tard les vainqueurs de Crimée, de Magenta et de Solferino.

A propos de Crimée, je ne puis pas dire qu'Alger soit profondément affligé de la perte récente du maréchal Pélissier, mais cette perte lui a été sensible. Le maréchal, avec sa brusquerie, ses rudes et spirituelles boutades, sa grande renommée militaire, la longue habitude que l'Algérie avait de lui, était populaire. Sa bonté se cachait sous des dards de hérisson, mais était réelle. On en cite plus d'un trait. Quand il passait dans les rues on s'arrêtait pour le regarder et on disait : « Le voilà. » Ce n'était point le Gouverneur, c'était le maréchal à la façon dont le duc de Wellington était le duc en Angleterre. Je ne sais si l'Administration civile l'aimait, car voici une de ses saillies qu'on m'a contée. Un jour on lui amène un individu qui se plaignait de ce qu'un soldat l'avait appelé Chinois. Le maréchal écoute le plaignant, lui demande son nom, sa profession et l'examine quelques instants : « Monsieur, lui dit-il enfin, quand on est un pékin, qu'on s'appelle Canton et qu'on est habillé de nankin, on ne doit pas s'étonner d'être appelé Chinois. »

Aujourd'hui, dans la journée, il s'est passé à bord une triste scène. Il a fallu envoyer à l'hôpital à terre le maître voilier dont l'esprit s'était frappé et qui donnait quelques signes d'aliénation mentale. C'était un de ces hommes rares, à l'infatigable dévouement dans une vie toute de travail, d'abnégation et de périls. Notre maistrance en produit ainsi souvent. Il avait déployé plus de zèle que jamais dans notre armement si rapide du *Cacique* et s'était imaginé qu'on n'était point content de lui. Il était devenu sombre, taciturne, et ses camarades avaient dû le surveiller. Ses forces s'en allaient, il a fallu le débarquer. Il est parti avec un visage égaré, craintif, jetant un regard inquiet et triste sur le navire où il avait longtemps vécu et qu'il quittait. Il répondit en tremblant et les larmes dans les yeux aux poignées de main, aux paroles d'encouragement de l'officier de quart et du lieutenant. Ah ! parfois, quand on se sent devenir ambitieux, il est bon de songer à ces humbles existences tout entières au devoir, dont l'obéissance et la discipline dans les grades les moins élevés ont noué la trame, qu'une faible retraite et la croix récompensent seules arrivées au terme, et qui trébuchent avant d'y parvenir dans les infirmités ou dans la folie.

Ce soir, pendant que *le Cacique* allume ses feux et fait ses préparatifs d'appareillage, car nous partons dans la nuit, nous assistons à une Bita. C'est une danse que je vais essayer de raconter. Elle est dansée par des Mauresques, et les Arabes en sont tellement fanatiques qu'il a fallu l'interdire pour éviter des scènes de meurtre et de violence. Il n'était pas rare qu'après avoir couvert à l'envi de pièces d'or ou d'argent le visage et les bras humides de sueur de l'Almée qui dansait devant eux, ils se la disputassent à coups de couteau. Il n'y a plus aujourd'hui de Bita qu'à huis-clos, à l'exclusion de tout Arabe et par une permission spéciale de l'autorité. Peut-être perd-elle ainsi un peu de ce cachet original que les passions surexcitées des assistants, leur enthousiasme et leurs querelles elles-mêmes devaient lui donner. Elle n'est plus qu'un spectacle pour des Européens. Quoi qu'il en soit, celle-ci est princière. Il faut décrire d'abord le lieu où elle se passe; c'est dans la cour intérieure d'une maison mauresque. Le plafond est, entre les quatre murs, une échappée de ce ciel d'Afrique d'un azur profond, où les étoiles scintillent avec un éclat particulier. D'élégants piliers en ogives dentelées soutiennent une galerie ; le velarium, qu'on avait disposé dans le cas où la nuit eût été trop fraîche, mais qu'on a laissé retomber et pendre par deux bouts, s'étend avec ses tons de pourpre sur le mur blanc. Au fond, accroupis sur une petite estrade recouverte d'un tapis, sont les musiciens. Habillés de jaune, avec un turban, la barbe longue, impassibles, ils ont l'air de Parsis plutôt que d'Arabes. L'orchestre se compose d'un naki ou basson, d'un shoubabé, sorte de clarinette, et de deux petits tambours réunis appelés nacariate ; les danseuses, également accroupies sur des tapis ou sur des nattes, sont rangées des deux côtés. Elles sont là une quinzaine, la plupart jeunes, quelques-unes au profil busqué, avec de grands yeux de velours, des épaules sèches et nerveuses bien attachées; les autres replètes, le front bas, mais les lèvres d'un rouge de corail et les dents éclatantes, toutes d'un teint olivâtre, la ligne des sourcils peinte et les yeux agrandis par le henné. Comme il y a entre elles et devant les musiciens une petite table chargée de gâteaux et de rafraîchissements, elles se lèvent tour à tour pour en prendre et se rasseyent. Leur costume se compose d'une chemise de soie écrue, transparente, à larges manches, retenue au col par une perle et échancrée tout le long de la poitrine, puis de larges pantalons bouffants serrés au-dessous du genou; autour de ce pantalon s'enroule, se collant aux hanches, une étoffe de soie ou de brocard dont les deux pans flottent par-devant et que retient une large ceinture dorée. Un foulard négligemment noué sur la tête laisse échapper, retombant sur les tempes, des mèches de cheveux plats tout emmêlés de sequins. Les bras et les jambes, souvent rougis au henné, ont des bracelets incrustés de pierres ou des anneaux d'argent. Cependant la Bita commence au son des instruments et à la clarté de deux candélabres chargés de bougies et placés sur la table, tandis que des lanternes de couleur suspendues aux arcades jettent une lueur douce sur les murailles. Chaque femme danse à son tour et dans un très-petit espace, pendant que ses compagnes la regardent et battent quelquefois la mesure sur un tambourin. La danseuse ne s'élève point du sol. Elle le foule et le piétine à tout petits pas pour changer de place. Les jambes et le haut du corps restent immobiles, ce n'est donc qu'un mouvement des hanches qui ondulent et roulent sur elles-mêmes avec une flexibilité extrême et, çà et là, quelques soubresauts des reins souples et puissants. La Bita est une allégorie. C'est le poëme des sens enivrant et lascif. L'exposition en est molle et cadencée, les péripéties y sont imprévues et soudaines et le dénouement se prolonge dans les mourantes angoisses du plaisir. La musique, sur un rhythme un peu barbare, discordant, mais tout semé de plaintes, de soupirs et d'élans, se prête admirablement à la vivante mimique du poëme. Cette poésie en action, merveilleuse d'ailleurs de science et de style, mais toute physique, suffit aux Arabes. Elle est incomplète pour les Européens, qui ne séparent point le poëme des sens de celui du cœur. Tout en suivant les mouvements de ces femmes à l'œil humide, à la bouche entr'ouverte et dont les bras battent l'air, on se transporte malgré soi en imagination sous un autre ciel, dans une sphère animée de désirs curieux et de volupté poursuivie. On assiste comme dans un rêve et avec un sourire à la danse d'autres almées invisibles dont celles-ci ne sont plus que les séduisants et pâles fantômes. Une chimère ! car la Bita, cette plante vivace et tout imprégnée des émanations de la terre d'Afrique, ne vivrait qu'en serre chaude dans les climats froids et ne prospérerait guère, en se modifiant, que sous le globe de verre d'un casino ou les palmiers du jardin Mabille. Et, cependant tout en regardant je me rappelais — où l'esprit ne s'égare-t-il pas ? la scène des *Parents pau-*

vres de Balzac où la baronne Hulot redemande son vieil Hector à la cantatrice Josépha. La juive contemple cette femme qui avait été si belle, qui l'est encore, qui a passionnément aimé son mari, dont toute la vie a été remplie par les devoirs et le dévouement de l'épouse, et que son mari a pourtant délaissée... Et après cet examen, la fille d'opéra, découvrant ce qui avait toujours manqué à cette belle et sainte martyre de la vie conjugale, s'écrie en riant : Ce que je ne reproduirai point pour ne point paraître faire ici la critique des gouvernements, mais ce qui signifiait clairement que madame Hulot n'avait jamais dû savoir danser la Bita. A quoi tient pourtant le bonheur des ménages?

Chaque femme en dansant venait par intervalles se poser devant les spectateurs qui lui plaquaient des pièces d'or sur la peau moite des joues ou du front, puis, la danse terminée, allait s'étendre sur les coussins avec une langueur réelle ou feinte. C'est qu'en effet cette Bita à grand spectacle, très-éclairée de champagne et de pièces d'or, m'a paru manquer un peu de conviction. Ce qui accuse un trait de mœurs, c'est que derrière une fenêtre grillée de la galerie, il y avait plusieurs femmes de la ville costumées en Mauresques, le visage caché sous un voile, qui assistaient à la fête. A onze heures on donna le signal du départ, et tandis que la maison mauresque rentrait dans l'obscurité comme une salle de bal qu'on éteint, nous redescendions sur le port où les canots nous attendaient.

A minuit, *le Cacique* longeait la côte d'Algérie par un très-beau temps, mais par une nuit noire. Les bateaux de pêche qu'il rencontrait se hâtaient de monter leur fanal, et la voix seule de l'officier de quart criait au milieu du silence : Tribord ou babord, selon les cas, pour que *le Cacique*, déviant de sa route, n'écrasât point les embarcations ou les petits navires dont on apercevait tout à coup la silhouette filant le long du bord.

V

Philippeville, 8 septembre.

Philippeville est sur le littoral une petite ville française peuplée de Français. Les Arabes ne se montrent guères qu'aux environs et deviennent, aux époques d'insurrection, l'effroi des habitants. Les colons appellent alors à grands cris le régime du sabre et courent sur la plage au-devant de nos soldats dont ils portent les fusils avec enthousiasme. L'insurrection étouffée, les amères critiques du gouvernement militaire recommencent de plus belle. — Le petit port de Philippeville est Stora, quelques maisons adossées à la montagne qui s'élève à pic et baignant presque leurs pieds dans la mer. On va de Stora à Philippeville par une rampe de deux kilomètres, creusée dans le roc, que la montagne surplombe et où rejaillit par instants l'écume des lames.

Nous ne sommes restés que quelques heures à Philippeville, et *le Cacique,* longeant toujours la côte à tribord, s'est remis en route pour Tunis. Le soir, comme d'habitude, on s'est réuni sur la passerelle et quelqu'un a remarqué qu'on était au 8 septembre, c'est à dire à l'anniversaire de la prise de Sébastopol. Cette date a éveillé de nombreux souvenirs et chacun a raconté quelque épisode dont on lui avait fait part, quelqu'une des scènes dont il avait été témoin au dénouement de cette sombre et brillante épopée. Moi aussi je me suis rappelé les dernières heures de ce long drame auquel il m'a été donné d'assister.

La veille, le 7 septembre, vers quatre heures du soir, j'avais quitté notre camp de marins établi à Inkermann, pour faire une visite au commandant P... de la garde impériale. Le commandant, un brave et excellent homme, était de race militaire. Son père avait eu une jambe emportée à Eylau. J'allais ainsi le voir de temps en temps. Il me faisait essayer ses chevaux où nous fumions sous sa tente. J'y regardais avec curiosité certains objets qui étaient pour lui presque des reliques, une grande montre en argent et un couvert de campagne dans un étui de maroquin vert. Ces objets lui venaient de son père.

La montre avait sonné les heures des batailles antiques et le vieux soldat de l'empire avait bu souvent dans cette timbale le vin de la victoire. Ce jour-là je ne trouvai pas le commandant, et comme je me sentais un peu faible — j'avais contracté depuis quelques jours les fièvres d'Inkermann — je me couchai sur son lit. Je commençais à m'assoupir lorsqu'il entra : « Hé bien, mon cher enfant, me dit-il, c'est pour demain. »

Les deux autres chefs de bataillon et le chirurgien-major vinrent dîner avec nous. Le repas fut sérieux et on se sépara de bonne heure. Chacun sans doute, en prévision de la mort qui pouvait le frapper le jour suivant, avait quelques dernières dispositions à prendre. Je revins au camp le cœur serré. La nuit était obscure et un grand vent tourbillonnait autour des tentes. Çà et là on voyait la lueur d'une lampe vacillant sous la toile. C'était quelque officier qui veillait et écrivait à sa famille. Pour tous l'heure était solennelle, car on ne pouvait se faire illusion sur le combat de géants qui allait se livrer le lendemain. De tous ces hommes qui, dans les deux camps, étaient en ce moment pleins de force et de vie, vingt mille devaient, avant qu'une autre nuit fût arrivée, s'endormir d'un éternel sommeil sur le champ de bataille. Mais c'est là le destin de la guerre et il n'y a qu'à s'incliner devant lui et à attendre son bon plaisir. Le lendemain samedi 8 septembre 1855 au matin, le temps était très-froid. Après notre déjeuner, mon capitaine et moi nous allâmes à la batterie. Nous n'avions pas pris nos chevaux parce que le feu ouvert à quatre heures était encore très-vif. Ce feu avait été ordonné de façon à ce que de brusques arrêts, des silences étranges, subits et pleins de menace, de foudroyantes reprises, déroutassent et surprissent les assiégés qui, l'œil aux aguets et l'attention perpétuellement en éveil, cherchaient, à l'abri de leurs casemates, à deviner le moment de l'assaut... Nous marchions vite et en soufflant presque dans nos doigts. Il nous semblait qu'il n'y avait pas de troupes dans les tranchées et nous nous demandions si, par hasard, l'assaut n'avait pas été contre-mandé. Il était neuf heures et le feu paraissait s'éteindre. On n'entendait plus que des coups isolés. En arrivant à la batterie, j'avais un peu de fièvre et je me jetai sur un tas de foin pour profiter de quelques chauds rayons de soleil. J'y étais depuis un instant quand un éclat de bombe tomba tout près de mon pied, fit un second bond et alla par un troisième très-petit se loger dans la gamelle des hommes qui déjeunaient. Ceci les fit beaucoup rire. A onze heures le général Pélissier arriva. Il avait pris notre batterie pour observatoire. A midi moins cinq minutes nous attendions le signal. Je ne saurais dire à quel point ces cinq minutes nous parurent à la fois longues et courtes. A midi les troupes sortirent des tranchées et s'élancèrent. Nous ressentions à les voir courir une émotion inexprimable. Point de coups de canon d'ailleurs. Les Russes n'avaient point eu le temps de sauter à leurs pièces. De la batterie 31 où nous étions, nous assistions surtout, à la droite de Malakoff, à l'assaut du petit Redan et des Batteries noires. Il n'y avait pour les troupes que quatre-vingts mètres à franchir. Mais c'est déjà trop pour qu'on puisse échapper à une décharge. La mitraille russe frappa le bataillon que nous avions sous les yeux aux deux tiers de sa course et le fit flotter sur lui-même comme atteint d'ivresse. Les officiers enlevèrent ce qui restait d'hommes et disparurent avec eux derrière les ouvrages ennemis. Malheureusement au bout dé quelques minutes le bataillon fut ramené. Nous vîmes nos soldats repasser par les embrasures ou par la crête des épaulements et se laisser glisser le long des talus sur le penchant et à l'abri desquels ils se mirent à tirailler. Nous ne les vîmes point longtemps. Un immense tonnerre d'artillerie avait éclaté et la fusillade embrasait en rouges éclairs tout un horizon chargé de fumée.

En ce moment où la douloureuse émotion d'assister au combat sans en partager les dangers nous oppressait le cœur, nous eûmes à tirer sur des vapeurs qui s'approchaient de la côte pour prendre en flanc nos colonnes massées au Mamelon-Vert et dans la gorge de Malakoff. Je descendis de l'observatoire pour surveiller le tir et je cessai de suivre les péripéties de la lutte qui se continuait aux Batteries noires. Le soir, vers cinq heures, notre drapeau flottait à Malakoff, mais partout ailleurs les attaques avaient échoué. De toutes parts cependant le feu s'éteignait. La bataille semblait plutôt suspendue que terminée. Notre dîner venait d'arriver du camp. Le général accepta de le partager avec nous. Le repas fut sérieux comme celui de la veille. Cette journée était-elle une victoire complète? Nous l'ignorions et en tout cas nous la savions déjà trop chèrement payée pour qu'il fût possible de se réjouir. Vers huit heures je retournai de la batterie au camp. Le vent s'était apaisé. La nuit était calme et silencieuse, le silence me semblait étrange, tant j'étais habitué depuis trois mois à entendre chaque nuit le bruit de la fusillade et du canon. Je me dirigeais tout pensif vers un feu qu'entretenait une sentinelle avancée. Je marchais dans l'ombre, de sorte que le soldat ne me vit que lorsque je fus à trois pas de lui. Il bondit sur ses pieds en brandissant une hache et en me criant : « Qui vive ! » Je lui répondis : « Officier. » Et je passais quand, à la lueur de la flamme, je lus sur les boutons de sa capote le numéro de son régiment : « A-t-on des nouvelles du commandant P...? lui demandai-je. — Oui, me répondit le soldat. Il est blessé. »

Heureusement sa blessure était légère et une des plus jolies qu'un soldat puisse recevoir au feu. Au moment où le commandant criait un ordre à ses hommes, une balle lui était entrée par la bouche et était sortie par la joue. En quelques jours il fut guéri. Si j'ai parlé du commandant P... c'est que, six ans plus tard, à cette même date du 8 septembre, en 1861, devenu colonel, il tomba de cheval au camp de Châlons et se tua sur le coup. Il y a dans la vie de chaque homme de ces bizarres coïncidences de dates qui feraient croire à la prédestination.

VI

Rade de Tunis, 11 septembre.

Nous sommes arrivés hier soir à la tombée de la nuit et nous avons aperçu de loin les feux des escadres. En effet, les flottes française, anglaise, italienne et turque attendent déjà depuis trois mois sur cette rade houleuse et inhospitalière, que les démêlés du Bey et de ses sujets soient terminés. L'amiral est venu faire sa visite au Prince et pendant ce temps je suis parti avec le docteur pour prendre l'entrée à la Goulette. Nous avons rapidement filé sur la chaloupe à vapeur d'un des vaisseaux et, après avoir glissé entre les bâtiments amarrés dans le canal, nous sommes arrivés à l'endroit où il n'est plus navigable que pour de très-petites embarcations. C'est en baleinière que l'on se rend de la Goulette à Tunis. La Goulette, que nous n'avons vue que la nuit, est un misérable village enceint de murailles décrénelées. Il y avait quelques Grecs et quelques soldats à se promener sur la place, et la plus grande animation provenait des grands canots de l'escadre occupés à faire de l'eau.

Aujourd'hui l'escadre a offert au Prince et aux Princesses les cérémonies et les distractions dont elle dispose. Il y a eu messe militaire et inspection à bord du *Solférino* que monte l'amiral ; dans l'après-midi un assaut d'armes et de danses à bord de *l'Algésiras*. Les matelots sont beaux tireurs et beaux danseurs, ces exercices les amusent et, en présence d'augustes spectateurs, ils se sont efforcés d'y briller. Ce sont là pour eux les distractions du dimanche pendant un monotone séjour en rade ou durant les longues campagnes de mer. Il y avait autrefois une naïve façon d'annoncer que l'heure du repos hebdomadaire avait sonné. Le maître de manœuvre, après un coup de sifflet de silence, criait en chantant un peu : « L'équipage est prévenu que les jeux et les ris sont permis. » Et véritablement on entendait alors les jeux et les ris commencer à bord. Aujourd'hui que les hommes sont tenus beaucoup moins sévèrement, la joie, qui n'est point proscrite le reste de la semaine, est moins expansive le dimanche, quand on l'autorise officiellement à se manifester.

C'est vraiment une belle chose que cette mer transparente sous le ciel bleu, que ces lignes vaporeuses des montagnes à l'horizon, que ces grands vaisseaux si majestueux et si nettement dessinés, ville flottante de vingt mille hommes qui dort depuis trois mois sous cet ardent soleil. Mais c'est beau à voir pendant une heure pour le voyageur qui passe et qui n'a point à vivre les longs jours de l'ennui et de l'attente. Je me suis souvenu des séjours de Salamine et de Bessika et j'ai regardé *le Cacique* avec plaisir.

Le soir, *le Castiglione* a donné une représentation théâtrale. Le théâtre est un des divertissements le plus aimés des matelots. Il s'organise vite dès qu'un équipage est un peu nombreux. Il s'élève et se démolit en peu d'instants sous la direction du maître charpentier et du maître voilier. Les décors se déplacent et se roulent et se mettent en magasin. Il n'y en a généralement que deux qui suffisent à tous les besoins de la scène : un intérieur et un jardin. Les costumes d'hommes sont donnés par les officiers. Ceux de femmes sont le plus souvent frais et jolis si l'on a joué en rade de quelque grande ville. Ce sont les invitées qui, le lendemain de la première représentation, les envoient comme souvenirs. Le répertoire se compose toujours de vaudevilles ou de petites comédies attendrissantes. J'ai vu jouer à ravir *l'Oncle Baptiste* et *un Bal du grand monde*. Je ne m'étonne point qu'un rôle ému et dans les fibres populaires, trouve de bons interprètes, mais ce qui me surprend c'est qu'il se rencontre à bord et facilement d'excellents comiques. A peine sur les planches, ils ont du premier coup non-seulement l'aplomb, mais le tact, la mesure, le bon goût du rôle, le sérieux surtout. Si l'on y songe, ce qu'il y a de plus difficile au monde c'est de faire rire. C'est une faculté qui ne s'acquiert pas. Elle est dans le tempérament de l'auteur et de l'acteur. Les plus grands dans la poésie et dans le drame échouent dès qu'ils veulent être plaisants. Être capable à la fois de provoquer le rire et les larmes, c'est être Molière ou être Kean. Voilà que je vais bien loin à propos de théâtre de bord, mais c'est que je ris difficilement et que je suis très-heureux quand je puis rire. N'êtes-vous pas comme moi? Les parades les plus grotesques, les bouffonneries les plus bruyantes, les chansonnettes comiques surtout, me laissent sombre comme un catafalque. Quand ce sont des hommes du monde qui s'essayent à ce rôle sur une estrade de salon, j'éprouve en plus un singulier malaise. Il me semble que je me dédouble et que je suis à la fois à ma place et à la leur. Je souffre horriblement pour eux et nécessairement pour moi. Je me demande comment j'ai pu me hasarder à cette épreuve si périlleuse dont je me tire si mal et où je ne me fais point rire du tout. Quand la farce est jouée — je n'imagine point d'autre nom à cette misérable exhibition que je fais de ma personne — quand les applaudissements ont accueilli ma grimace et mes gestes, je sue à grosses gouttes et je me dis que c'est là un succès d'estime auquel on ne me reprendra plus. Aussi, et sans parler davantage de ces succès d'hommes aimables dans un salon où l'éloge peut être ironique, comme, même au spectacle, je ne partage que très-rarement l'hilarité de bonne foi de mes voisins, je vois dans le rire à obtenir au théâtre la plus formidable difficulté à vaincre. L'esprit seul, même le meilleur, ne suffit pas à l'exciter. L'esprit intéresse, plaît, séduit, chatouille l'intelligence, anime les yeux, peut amener le sourire sur les lèvres. Mais cet éclatant et joyeux rire qui vous prend parfois, auquel il est impossible de résister, qui met des larmes aux yeux, qui soulève la poitrine et désopile la rate, ce rire bon enfant qui n'a point d'arrière-pensée, qui s'abandonne tout au présent et devient une contagion, ah! que ce rire-là est difficile à faire naître! Le véritable artiste comique le sait bien, et c'est en ne riant point qu'il l'obtient. Il redouble d'impassibilité quand la salle éclate et, le rire calmé, rentre naturellement dans son rôle, sans paraître s'apercevoir qu'on a ri. C'est le procédé inverse qui détermine l'émotion. Si vous voulez me faire pleurer, pleurez vous-même. Un calme semblable, une égale puissance sur soi sont imposés à l'auteur. Il doit bien se garder d'annoncer que telle scène va être comique. Elle doit l'être par l'imprévu des situations, par des quiproquos dans le secret desquels le spectateur seul se trouve, par le ridicule saisi au point précis, s'il s'agit d'une comédie de mœurs, où un caractère en s'exagérant cesse d'être naturel. Aussi n'est-ce point par veine comique qu'on doit traduire le *vis comica*. C'est réellement la force comique qu'il faut dire. L'esprit y échoue, le talent y est impuissant, le génie seul, et encore le génie d'une trempe particulière, la possède. Lorsque ce génie n'existe pas, cinq ou six hommes d'esprit et de talent en font la menue monnaie. Le comique, quand il ne se produit pas d'un seul jet dans une œuvre magistrale, peut être, dans un ouvrage d'ordre inférieur, une mosaïque réussie. C'est la collaboration qui crée le vaudeville. L'un y apporte sa verve, l'autre sa gaieté, celui-ci l'observation qui voit juste, celui-là une misanthropie boudeuse qui s'éclaire aux saillies comme la nuit aux fusées d'un feu d'artifice. Et la pièce, ainsi née des diverses originalités de l'esprit français, a toutes les chances d'être heureusement interprétée par les acteurs dont le talent, les aptitudes, le tempérament se prêtent d'instinct à l'imitation prompte, facile et courante des travers et des ridicules de la vie ordinaire. C'est pourquoi enfin le vaudeville, qui tient le milieu entre l'art et le métier, qui n'affiche point de prétentions, mais se tient très-loin des parades de tréteaux, est un genre applaudi, goûté et facile à jouer parce qu'on le comprend et qu'on l'aime. — Je suppose que tel a dû être ce soir l'avis des spectateur à bord du *Castiglione*, à en juger par les bravos prodigués aux artistes et par l'entrain avec lequel ces derniers ont mené d'un bout à l'autre les deux pièces qu'ils ont jouées.

VII

En mer, 12 septembre.

Pendant que l'un de nous faisait la lecture à haute voix, je regardais les Princesses qui écoutaient.

La Princesse mère a un noble visage à grandes et belles lignes. L'expression de sa physionomie est bienveillante et un peu pensive. Dans son regard à demi voilé par de longs cils il y a tout le calme et la sereine expérience de la vie. On sent qu'elle serait prête à l'éclat comme aux revers des existences telles que la sienne et que les uns ne peuvent pas plus l'abattre que l'autre ne la peut éblouir. Le nez est légèrement aquilin, la bouche fermement dessinée et soutenue par un menton accentué et vigoureux. C'est la base de ce visage où la douceur de la femme et d'énergiques vertus s'impriment en traits nets et harmonieux. La Princesse a eu sa large part des luttes, des honneurs et de la félicité de ce monde. Elle est mère de famille heureuse, mais avec les inquiétudes du bonheur, car ses fils ne lui appartiennent plus qu'à demi et sont à la France plus qu'à elle. Mais elle leur appartient encore tout entière. Ce sentiment jette une ombre touchante sur toute sa personne. Lorsqu'elle se produit, l'émotion de son cœur pour eux a quelque chose de contagieux et de puissant, car elle est celle d'une âme forte qui ne se prodigue point aisément et dont les manifestations les plus vives sont moins d'ordinaire dans le mouvement et le geste que dans le rayonnement du regard et l'altération contenue des traits. En dehors de ses enfants elle ne cesse presque jamais d'être princesse et ne devient tout à fait femme qu'en se souvenant qu'elle est mère.

La jeune Princesse est assise à ses côtés. Elle passe pour la plus jolie femme de la cour de France. Ses abondants cheveux châtains, l'éclatante fraîcheur de son teint rappellent la première jeunesse et l'origine de sa mère. Avec la vivacité du sang français, elle est bien, comme sa mère, de cette aimable Floride dont le généreux soleil donne à la carnation toute pétrie de lait de ses filles d'adoption, plus de limpidité savoureuse, des tons plus chaudement colorés. Tout en elle respire la liberté des femmes de son rang et le séduisant abandon des jeunes filles de son pays. Tout le visage est d'un galbe pur et charmant. Son front intelligent, large, découvert aux tempes, est de ceux où les couronnes se posent doucement et sans efforts. Ses yeux bleus, lorsqu'il leur plaît de se fixer sur quelqu'un, sont brillants, enjoués, pleins de caresses. Le nez se termine par des ailes délicates et mobiles. La bouche fermée a de fins contours. Lorsque les lèvres, d'un rose attiédi, s'entr'ouvrent pour parler ou sourire, il se creuse à leurs coins et dans les joues de petites fossettes. Le sourire de la Princesse est d'un charme souverain. Mais l'expression de tout son visage n'appartient qu'à sa volonté. Il est toujours ce qu'elle veut qu'il soit. Parfois, ainsi qu'il arrive aux jeunes filles de haut lignage, il n'est pas exempt d'une certaine supériorité naïvement hautaine que tempèrent vite l'indulgence et la native bonté de son cœur. Cette tête remarquable est posée sur d'admirables épaules. La taille est élégante et souple, la démarche d'une grâce énergique et fière. On eût comparé autrefois la Princesse à ces jeunes immortelles qui marchaient sur les nuées avec assez de légèreté pour ne les point courber, mais avec assez de force pour que leurs pieds s'imprimassent en signe de domination sur cette humble poussière céleste qu'ils daignaient foulèr.

VIII

Malte, 14 septembre.

Nous étions partis de Tunis par une nuit sombre. Après avoir navigué deux jours au nord, nous sommes arrivés à Malte par un éclatant soleil. Malte est une citadelle sortant des flots. Le pied de ses murailles trempe dans la mer et est couvert de l'écume des vagues. Les canons allongent leur cou par les embrasures de pierre. Les piles de boulets disposés en pyramides et en cônes se projettent en arêtes d'un noir foncé sur le fond blanc des rochers. Les factionnaires se promènent sur les remparts. Il y a dans l'aspect de ce rocher chauve et nu tout hérissé de canons, quelque chose de formidable et d'imposant. Du port de la Quarantaine, où nous avons mouillé pour faire notre charbon, je suis allé en ville par une large route creusée dans le vif du roc, entre deux murailles de granit surmontées de créneaux. La réverbération du soleil sur de blanches falaises, sur la route poudreuse, était si forte, qu'elle brûlait le regard. J'ai rencontré une troupe de soldats anglais qui sortaient de la ville au son du fifre et du tambour. Les soldats, tout de blanc habillés, marchaient d'une allure lente et cadencée. Ce soleil torride ne déconcertait pas le flegme anglais. Danton a dit qu'on ne saurait emporter sa patrie à la semelle de ses souliers. Cela est vrai pour presque tous les peuples. La patrie est pour eux l'aspect animé, riant, triste ou sauvage des lieux où ils sont nés. Entre ces lieux et eux il y a je ne sais quelle affinité secrète, toute physique. On respire mal, on vit mal à l'aise loin du sol natal. On le regrette, on le désire. Après l'avoir quitté on ne songe qu'à le revoir. Mais ce sont leurs mœurs, leurs habitudes, leur comfort que les Anglais emportent partout avec eux. Ils s'enveloppent partout où ils sont de leur individualité que rien n'altère, et les climats brûlants leur deviennent dès lors aussi indifférents que les steppes glacées. Le voyageur français prend comme Alcibiade quelque peu des usages et du costume des contrées qu'il visite; l'Anglais reste partout le même. C'est toujours le même gentleman se faisant la barbe avec ses rasoirs de Birmingham et prenant à déjeuner sa tasse de thé et ses sandwiches. Sa nationalité se conserve et s'impose. L'Angleterre, comme idées, comme principes, comme *Cant*, est avec lui là où il est ; sur le coin de terre où il s'établit il est dans sa patrie. Il l'a frappé du pied, et le *home* anglais, les belles femmes blondes, les enfants blancs et roses sans mélange de sang étranger en ont surgi. Chaque ville du globe, qu'elle s'appelle Valparaiso ou Bagdad, a dans un quartier cette Angleterre en miniature, peuplée d'Anglais qui n'ont jamais vu et ne verront jamais Londres ni les brouillards de la Tamise. En dehors de cette patrie artificielle qu'ils se créent, rien n'existe pour eux des magnificences de la nature ou du génie particulier des habitants. Ils ne se les assimilent point s'ils sont les maîtres, mais les courbent avec une volonté tenace comme sous un joug et leur impriment un cachet correct et froid. Ainsi Malte, en dépit de son ciel de feu et du tempérament de son peuple, est une ville silencieuse et contrainte. On y monte et on y descend continuellement par des rues en pente ou à gradins de larges dalles. Les maisons, à terrasse, de deux étages au plus, ont ces fenêtres en saillie à persiennes vertes ou ces balcons abrités d'étoffes rayées qui font songer à l'Italie. De temps en temps on rencontre un prêtre qui porte le viatique et qu'escortent des enfants de chœur balançant au bout de longs bâtons des lanternes dorées. Çà et là quelques femmes à la peau bistrée et aux yeux noirs, la tête à demi couverte d'une cape brune qui tient à la taille par une coulisse et que le vent fait se gonfler derrière elle. C'est la couleur locale qui reparaît.

Sur la place du Gouvernement il y a au fronton de l'hôtel de ville l'inscription suivante : — *Magnæ et invictæ Britanniæ vox Europæ et Melitensium amor has insulas confirmat* 1815. — Un mensonge officiel sur lequel l'Europe a fermé les yeux et contre lequel les Maltais protesteraient en vain. En face de l'inscription est l'ancien palais des grands-maîtres, au-dessus duquel quatre Maures armés de marteaux sonnent chaque heure sur un timbre de bronze. Ce sont des huissiers anglais qui servent de ciceroni dans le palais. Ils vous arrêtent de distance en distance et vous font remarquer avec un soin particulier les écussons des grands-maîtres en mosaïque de marbre sur lesquels vous marchez. Des écussons, les yeux se reportent aux portraits des grands-maîtres pendus à la muraille. Ils sont tous là, depuis Villiers de l'Isle-Adam jusqu'à M. de Hompesch en passant par Adrien de la Valette. Les uns sont bardés de fer, les autres vêtus de longues robes flottantes fourrées d'hermine. Quelques-uns ont la mine altière. Tous sont graves et ont auprès d'eux un page en habit de velours qui tient leur épée ou leur présente un livre. Le guide en nomme un de temps à autre. Ce nom, jeté d'une voix monotone, est le seul bruit que fassent aujourd'hui ces chevaliers disparus qui furent si longtemps la terreur des infidèles. A les voir écaillés et décolorés dans leurs cadres, on se demande s'ils ont vécu et si l'oubli complet ne vaudrait pas mieux pour eux que cette vaine et grimaçante image qui leur survit. M. de Hompesch, un grand vieillard à figure indécise et coquettement serré dans sa cuirasse comme dans un corset, vient le dernier. L'huissier ne manque jamais de dire : « M. de Hompesch, qui a livré l'île aux Français. » Les hauts faits de ses devanciers sont ensevelis dans les livres qu'on ne lit pas ; sa trahison envers son ordre se conserve de jour en jour vivante dans ces paroles banales dont on salue son portrait. D'ailleurs toutes ces toiles sont plus que médiocres. En revanche, dans une salle à côté, il y a un très-beau portrait de Georges IV. Le prince, vêtu de satin, en costume royal, empanaché de plumes, a toute l'arrogante désinvolture, toute la hautaine et ironique physionomie de son rang, de sa vie et de ses mœurs. C'est bien là le mari de l'infortunée Caroline de Brunswick, l'ami de Kean et de Brummel. J'aime ces toiles, étincelantes, en relief, qui semblent sortir du mur dans une grande salle pleine de silence. Un peu plus loin, c'est la chambre des séances du parlement de l'île. En face du trône de la reine absente, il y a les bancs classiques en rotonde où les députés peuvent graver leurs noms avec un canif. Les murs sont tendus de merveilleuses tapisseries des Gobelins. Vieilles de deux cents ans, elles sont éblouissantes de coloris et de fraîcheur. Elles représentent, dans la monstrueuse et luxuriante végétation du Nouveau-Monde, des combats d'animaux féroces ou des épisodes allégoriques. Des serpents s'enroulent autour des palmiers, tandis que des nègres aux lèvres rouge vif, aux yeux blancs — des hommes noirs, dirait madame de Sévigné — tiennent un parasol au-dessus de l'Amérique endormie. Ce qui prouve que ces tapisseries sont contemporaines de madame de Sévigné, c'est qu'on y voit bondir de ces chevaux blancs à petite tête, à large et plantureuse croupe flamande, que Louis XIV aimait à monter. — Nous traversâmes la salle des armures, quelques cuirasses et quelques casques troués d'une balle ou faussés d'un coup de lance. Ces débris sont portés par des mannequins de bois peints en gris clair qui, n'ayant que des cuissards et se tenant debout la lance à la main au lieu d'être à cheval, paraissent très-succinctement habillés de pantalons collants — ce qui m'a étonné de la part de la pudeur anglaise. Mon guide me fit descendre ensuite un escalier d'une quinzaine de marches et me montra sous un vestibule vitré le carrosse d'Adrien de la Valette. Ce vieux et vénérable véhicule, à glaces, à caisse dorée, n'est pas un huit ressorts. Il est simplement suspendu sur des courroies de cuir. Les glaces sont étoilées, le vernis s'écaille, la bourre et le crin sortent des coussins par les béantes plaies du velours, les harnais, en cuir durci et tout brisés, sont jetés au hasard sur le timon. Cela est plein de mélancolie. La vieillesse des pierres a sa dignité ; la décrépitude des choses qui ont servi de plus près à la vie humaine, qui en ont partagé les vicissitudes animées et le mouvement inspire un vague effroi. Elles tombent en décomposition, non en poussière. Quelques années encore et le pauvre vieux carrosse sera dépecé et jeté aux quatre coins d'un hangar. Il n'en restera peut-être qu'un panneau avec lequel un palefrenier raccommodera le bois de son lit ou le devant d'une armoire. *Sic transit gloria mundi*. Je m'éloignai en songeant au temps où, traîné par quatre chevaux blancs caparaçonnés, il roulait orgueilleusement à grand bruit dans la ville des chevaliers, et je sortis du palais des grands-maîtres par un joli petit jardin anglais tout émaillé de jets d'eau, d'arbustes et de fleurs.

A trois heures je me dirigeai vers l'église de Saint-Jean de Latran. Je voulais y revoir et j'y ai revu le tombeau du Duc de Montpensier. La statue couchée du prince est l'œuvre de Pradier. Le prince porte le costume du temps, l'habit, le grand gilet à revers, la culotte et les bottes. La cravate à demi dénouée flotte autour du cou. Le jeune homme est languissamment appuyé sur le coude. Les belles tresses de ses cheveux tombent sur ses épaules. Il n'est point mort, il sommeille ou plutôt il est à ces dernières heures pleines de faiblesse mais de sérénité calme qui précèdent la mort. Le talent du sculpteur a empreint les traits d'un charme touchant et donné aux membres sous les vêtements qui le couvrent une admirable souplesse d'attitude. Le costume lui-même est d'une grâce élégante et abandonnée. Dans la fraîcheur et le silence de l'église le regard s'attache longtemps à ce marbre où palpite la vie immortelle de l'art et qui, loin de retracer la rigide immobilité du trépas, ne semble placé sur le tombeau que pour veiller sur lui.

Enfin je suis monté sur les remparts les plus élevés de la ville, afin d'embrasser Malte d'un coup d'œil avant de le quitter. J'ai vu à mes pieds la cité de La Valette, s'étendant en amphithéâtre sur sa presqu'île, entre les ports de la Quarantaine et le Grand-Port, tandis que l'île elle-même se recourbe à ses extrémités comme pour protéger son arsenal et ses vaisseaux d'un infranchissable cercle de granit. Le soleil tombait à flots sur les toits blancs et sur les terrasses des maisons. La mer, d'un bleu foncé, n'avait pas une ride. Les navires, vus de si haut, se rapetissaient dans d'exquises proportions et s'accusaient avec une surprenante netteté dans leurs moindres détails. On eût dit ces modèles de bâtiment délicatement posés dans les musées maritimes sur une plaque de verre qui simule l'Océan. L'île entière se perdait d'ailleurs dans l'immensité de l'horizon. Malte, cet inexpugnable rocher, cet abri des flottes anglaises, cette citadelle toute crénelée de canons, ce théâtre possible de luttes navales gigantesques n'était plus qu'un point entre l'eau et le ciel. Cependant, tout à côté de moi, une sentinelle anglaise se promenait d'un pas mesuré, songeant sans doute que les heures de sa faction étaient lentes à s'écouler; et, bien loin, tout en bas, je voyais les matelots du *Cacique* se passer les uns aux autres les mannes de charbon et les verser dans les soutes. Eux aussi devaient trouver le temps long et ne réfléchissaient point comme moi à l'imperceptible place que Malte occupe dans l'espace. Et ils avaient bien raison. Nous y occupons une bien plus petite place encore, mais notre corps s'y meut avec ses sensations vives de plaisir et de souffrance, sous toute l'impulsion des désirs et des regrets, des affections et des haines que notre âme lui communique, et cette petite place, par cela même que nous vivons, devient pour nous aussi grande qu'un monde. A quoi bon regarder au-delà si, après une heure de rêverie, le moindre incident doit nous faire descendre de ces hauteurs et nous ramener à la réalité. C'est ce qui m'arriva. Le soldat anglais avait chaud et s'essuyait le front. Cela me fit penser que j'avais soif et je ne songeai plus qu'au bonheur de boire un de ces grands verres d'eau glacée au jus d'orange ou de citron que j'avais entendu crier par les rues.

IX

En mer, 15 septembre.

Nous allons à Athènes. Les impressions de l'enfance sont tellement vivaces que jamais aucun voyageur ne s'est approché de la Grèce sans une curiosité émue, sans un frémissement intérieur. Cette terre classique des divinités, des arts et de l'éloquence a brillé d'un si grand éclat dans le monde ! Nous avons été bercés par l'histoire de ses grands hommes. Nous savons tous ce jeune Spartiate gardant un renard sous sa tunique, Cynégire arrêtant un vaisseau avec les dents, et ce soldat qui, accourant de Marathon, ne put qu'annoncer la victoire et mourir. Puis c'est Aspasie et Périclès, Alcibiade vainqueur et trahi par la fortune, Socrate buvant la ciguë, Épaminondas à Mantinée, Philopœmen, le dernier des Grecs, et, au seuil de destins nouveaux, Philippe et Alexandre. Que de grandeur et que de grâce, que d'esprit et d'élégance! Aussi, en face de pareils souvenirs, l'imagination inquiète presse-t-elle la marche du navire. Pour tromper le temps on lit les récits des voyageurs. J'ai dit que nous avions à bord les voyages en Orient de Chateaubriand et de M. de Lamartine, de Théophile Gautier et de Gérard de Nerval. Chacun les lit ou les parcourt et se transporte ainsi d'avance aux lieux qu'il préfère et qu'il verra bientôt lui-même. J'y trouve un autre intérêt, c'est de voir s'accuser, au récit de ses impressions personnelles, le caractère de chaque auteur. M. de Lamartine a sur les yeux le bandeau de la poésie. L'Orient qu'il voit et qu'il raconte est l'Orient préconçu de ses rêves. Au contact de cette admiration préméditée et puissante, tout se transforme. Les haillons se changent en vêtements de pourpre. Ce ne sont qu'armes damasquinées, étoffes précieuses, selles de velours brodées de pierreries. La moindre chaumière devient un palais, l'humble Arabe du désert a la mine d'un roi. Si quelque pauvre fille puise de l'eau à la fontaine, c'est Rébecca elle-même offrant à boire à Éliezer. Et pourtant le poëte est sincère. Ce sont les harmonies de sa pensée, les désirs de son cœur, ses aspirations vers le beau qu'il transcrit. D'ailleurs ce merveilleux Orient est vrai par exception. On le rencontre parfois pendant une heure dans le kiosque d'un pacha ou sous la tente d'un cheik arabe. Et alors ces scènes dont M. de Lamartine est le témoin, dont il a eu le pressentiment en lisant la Bible ou en contemplant les tableaux d'Horace Vernet, de Marilhat ou de Decamps, sont les seules dont il daigne garder la mémoire. Tout ce qui n'est pas elles n'existe point pour lui. De parti pris ou sans le savoir, il n'admet pas ou ne veut point d'ombres à la splendeur de son poëme.

Quant à Chateaubriand, — et c'est là ce qui fait la supériorité de son *Itinéraire de Paris à Jérusalem*, il n'est poëte que lorsqu'il veut l'être. Le plus souvent il est philosophe et penseur. Il y a dans son œuvre une élévation d'idées, une netteté de jugement, une mesure de ton incomparables. Ce fier génie, si lyrique à ses heures, est naturel et sans emphase. Il dit ce qu'il voit et il voit ce qui est avec une simplicité toute positive. Le beau l'attire, mais ne l'égare pas, et il ne s'enthousiasme qu'à bon escient. Il ne soulève toutefois qu'avec une pieuse réserve le voile des nombreuses misères qu'il rencontre à chaque pas. Il ne dissimule point les déceptions qui attendent le voyageur. Il ne s'en irrite pourtant pas ni ne s'en décourage. Il ne reconstruit pas des temples ou des palais imaginaires avec la poussière des ruines illustres. Il a le très-rare courage d'être vrai. Aussi le suit-on avec confiance, presque avec respect. On prend au sérieux ses escarmouches lorsqu'il descend le Nil et le mauvais temps qui l'accompagne pendant quarante-deux jours, d'Alexandrie à Tunis. On sourit malgré soi des préparatifs de combat et des tempêtes de M. de Lamartine. On devine qu'il se hasarde pour la première fois sur la mer profonde, tandis que Chateaubriand a déjà deux fois traversé l'Océan et rapporté de ses plages lointaines et presque inconnues l'insouciante sérénité et la calme intrépidité du voyageur.

Théophile Gautier est surtout peintre et nul sujet ne pouvait mieux lui convenir que Constantinople. Aussi s'empare-t-il en maître de cet immense décor d'Opéra. Il le reproduit sous toutes ses faces dans ce qu'il a de prestigieux et d'éblouissant, de sévère, de gracieux et de pittoresque. Il lui verse à flots l'ombre et la lumière, il en broie les couleurs avec une hardiesse et une habileté suprêmes. Il l'accuse en relief par de saisissants effets et le peint dans ses détails avec un fini achevé. Il a pour lui la fougue inspirée, la tendresse minutieuse, le soin passionné de l'artiste pour sa toile. Je crois qu'il y a onze ans, en 1853, M. Séchan était à Constantinople en même temps que Théophile Gautier. Ce que le décorateur eût représenté sur la scène, l'écrivain le transportait dans son livre avec une égale puissance de pinceau, avec la même illusion de réalité pour le regard ; car dans ce style si riche et si souple toute pensée se fait image et arrive aux yeux en passant par l'esprit. C'est ainsi que se déroulent les deux rives du Bosphore, les cérémonies du sérail, les fêtes de Beiram, animées et vivantes. On y voit défiler tous les costumes, tous les types de race, et l'on s'étonne de la scrupuleuse exactitude des uns, de la frappante expression des autres. Ce que la peinture seule eût pu faire il l'a fait, et ce qu'elle est impuissante à rendre comme art matériel, la variété infinie, la changeante succession des lieux, des physionomies et des sentiments, il l'a réalisé dans un cadre littéraire avec le plus ferme coloris et la plus exquise sûreté de touche.

De ces quatre écrivains, c'est Gérard de Nerval que je préfère. Il ne voyage ni en poëte grand seigneur comme de Lamartine, ni en chrétien philosophe comme Châteaubriand, ni en touriste comme Théophile Gautier. L'auteur de *la Bohême galante* voyage en Bohême, avec une bourse légère, de libres allures, allant où ses pas le mènent, ne se préoccupant ni de la veille ni du lendemain. Il ne vit point dans l'intimité des Pachas et ne porte même point aux consuls les lettres de recommandation qu'on lui a données pour eux. Il a une naïve horreur de l'habit noir, de la représentation, de l'étiquette et, se perdant au milieu de la foule, se mêle aux peuples qu'il visite. C'est un charmant esprit et un cœur d'or. Rêveur contemplatif, un peu illuminé, tour à tour gai et mélancolique, il raconte ses impressions une à une, au jour le jour, sans les violenter, sans les surfaire, telles qu'elles lui viennent, touchantes parfois, humoristiques toujours. Il écrit son *Voyage en Orient*, de la même plume que ses *Nuits de Belleville et de Pantin*. Il commence par aller à Vienne avec l'intention d'y rester trois semaines et y passer tout l'hiver. Il se trouve bien dans ce pays de la pipe et de la bière. Il aime les blondes Allemandes sentimentales et faciles. Dans les lettres qu'il envoie à son ami, Gérard n'ose point dire tout ce qui lui arrive avec les femmes de peur de les compromettre. Il s'arrache pourtant aux délices de cette Capoue et va presque d'une traite en Égypte. Il est vrai que, de longtemps, il ne va plus bouger d'Alexandrie et du Caire. Dans cette dernière ville, fidèle à son système de transformation complète suivant la contrée où il aborde, il loue une petite maison et s'habille en Turc. Mais son état d'isolement et de célibat est une inquiétude constante pour ses voisins qui sont mariés. Ils semblent deviner que le don Juan de Vienne est à leurs portes. Le magistrat le fait appeler et lui enjoint de prendre femme. Il se décide, ce qui a moins d'inconvénients au sujet de la dot qu'il lui faudrait apporter à une fiancée, à l'acquisition d'une esclave. Il choisit une femme jaune, et toutes les tribulations de la vie conjugale commencent pour lui. Ce joli animal dont il a fait l'emplette ne veut vivre que dans une cage dorée à travers les barreaux de laquelle il paraît toujours prêt à s'envoler. Gérard n'imagine point de meilleurs ennuques qu'un vieux mameluck français qui a fait la guerre d'Égypte et sa femme. Enfin il part pour la Syrie avec son esclave. Il y a là un délicieux chapitre : *Andare sull mare*. Il avait droit à la chambre du capitaine, mais le capitaine se met à rire, car sa chambre n'est qu'un trou noir habité par des grillons. Gérard s'installe alors en plein air dans la chaloupe amarrée sur le pont de la felouque. Il n'y a que du calme ou de folles brises et le petit bâtiment se balance lentement sur la mer de Syrie. Par les journées étouffantes et les nuits étoilées, la discorde se met à bord. Un prêtre musulman souffle la révolte à la jeune esclave. Ce Franc n'est pas son maître

4.

c'est un infidèle qui n'a pas même eu le droit de l'acheter. Le péril devient pressant et l'autorité de Gérard va être méconnue. Mais il se montre à la hauteur des circonstances. Il terrifie le capitaine par la lettre d'un Pacha qu'il a retrouvée dans sa poche et ordonne à l'esclave de se retirer dans la chambre du capitaine. Et, comme si ce n'était point assez, il ajoute d'une grosse voix : — Avec les grillons ! L'esclave obéit et, la tête basse, se retire sans prononcer un mot. Bon Gérard ! son honnête cœur a dû s'accuser de férocité. Avec les grillons ! Aussi ne tarde-t-il pas à l'en faire sortir. Il l'aime par habitude, par compassion, par générosité. Cependant, il aime mieux sa liberté et, afin d'aller tout seul et à son aise à Constantinople, il la laisse chez un consul où elle devient femme de chambre.

Hé bien, il faut l'avouer, à part peut-être ces quelques pages intimes du livre de Gérard de Nerval, tous ces livres sur l'Orient, malgré les qualités diverses qui les distinguent, en dépit de la notoriété des noms qui les ont signés, sont profondément ennuyeux. Ce n'est point leur faute ; c'est celle du genre lui-même. Cette description acharnée et sans trêve de paysages et de villes, de costumes et de monuments, lasse l'attention et fatigue la mémoire. Je les ai lus avec conscience parce qu'ils me parlent des pays que je vais voir, mais, en France, je ne les ouvrirais que pour les fermer aussitôt. Lorsque M. de Lamartine accorde sa lyre et s'écrie : « Essayons de peindre ! » je suis pris d'un indéfinissable malaise. Pendant dix pages il ne me sera fait grâce ni d'une nervure du feuillage, ni de la courbe gracieuse de la vague écumante sur le sable d'or du rivage, ni des formes qu'affectent les nuages. Ce ne sera qu'ondoiement d'horizons, concassement de rochers, échevèlement de forêts. Il semble que, dès qu'on a perdu de vue le clocher de son village, le moindre buisson, le plus petit pli de terrain prennent une physionomie inconnue. Il serait si simple de dire : — Il faisait une admirable matinée, la mer était calme ou agitée, la route belle et unie se déroulait à travers la plaine ou s'enfonçait à travers les roches. Est-ce que cela, avec moins de sobriété peut-être et quelques épithètes en plus, ne suffirait pas à tout homme intelligent et tant soit peu doué d'imagination ? En d'autres endroits de ces impitoyables relations de voyages, c'est l'histoire ancienne, solennelle, pédante, obscure qui vous prend à la gorge. C'est Cosroës II, roi de Perse, qui saccage Jérusalem. Que m'importe Cosroës ? Autre part encore, c'est une controverse ardue à propos d'un fragment de marbre sculpté qui a peut-être appartenu au fronton écroulé des temples de Balbeck.

Je ne concours pas pour l'Académie des inscriptions et belles-lettres. Il faut laisser cela aux livres spéciaux ou glisser légèrement. Si l'on ajoute enfin qu'une relation de voyage sérieuse n'a pas les privilèges du roman, qu'elle ne saurait sans quelque honte avancer des faits douteux ou inventer des aventures, que ces aventures elles-mêmes ne se produisent pas, qu'on va de Marseille en Syrie et de Syrie à Marseille en bateau à vapeur ou en chemin de fer, à cheval ou en voiture, mais toujours avec sécurité, avec la certitude de ses repas pour la journée et d'un lit pour la nuit, que les Arabes du Désert n'attaquent plus les caravanes, on concevra combien est difficile la tâche du voyageur qui ne veut être ni trop bavard, ni trop érudit, ni trop personnel, et qui néanmoins ne voudrait pas être ennuyeux.

Aussi me bornerai-je à raconter ce que je verrai dans chaque relâche avec les impressions et les émotions diverses que me susciteront l'aspect des lieux et le spectacle des hommes. Comme je passerai vite, je ne sais si ce sera intéressant ou tout à fait exact, mais ce sera du moins rapide et sincère. Le lecteur, s'il a quelque indulgence pour ma disposition d'esprit et mes habitudes de marin, vivra de ma vie de bord et de terre pendant ce voyage de deux mois du *Cacique* autour de la Méditerranée.

X

En mer, 16 septembre.

Toute la journée d'hier s'est passée à la mer. En partant de Malte nous nous sommes dirigés vers l'est, et de Malte au cap Matapan on ne voit que le ciel et l'eau se confondant à l'horizon, par ces belles journées, en une ligne bleue indécise et vaporeuse. Hier pourtant, vers cinq heures, il s'est élevé une brise de nord-ouest assez fraîche. Mais *le Cacique* s'en est peu ému. Il a continué sa route sur une mer calme encore, mais qui blanchissait par endroits et s'agitait sourdement. De dix heures à minuit la grande voix du vent s'est fait entendre pour la première fois depuis notre départ de Toulon. Elle mugissait dans les anfractuosités de la côte et dans nos voiles. Mais il précipitait notre marche et nous devions en moins d'une heure trouver l'abri de Matapan. La jeune Princesse était restée sur le pont. Elle s'y promenait enveloppée d'un burnous rouge ou s'appuyait sur la rampe de la passerelle. C'était une apparition de grâce et de beauté entre les flots déjà verts et les grandes ombres que le Cap et les côtes projetaient de loin sur la mer. Nous eûmes à peine doublé le cap Matapan que nous fûmes à l'abri du vent. Il était minuit et je prenais le quart. Peut-être, au-delà du cap Saint-Ange, devions-nous retrouver la brise de nord-ouest, mais, avant que nous eussions franchi l'intervalle qui nous en séparait, mes quatre heures de service se seraient écoulées. On ne prévoit pas de si loin les ennuis en marine. On se contente de les accepter quand ils viennent. Je fus bientôt seul sur le pont et je me mis à jouir de la pureté et du calme de la nuit. Que de fois déjà j'ai fait ce quart de minuit à quatre. Je l'aime lorsqu'aucune préoccupation de service ne vient m'y troubler. La rêverie y est plus facile et plus douce qu'à aucune autre heure. A quoi songe-t-on? à mille choses vagues. On s'y laisse bercer par ses souvenirs et ses espérances. On regarde l'eau que soulève la proue le long du bord. Ce sillage argenté qui s'efface bientôt dans l'obscurité ressemble à la vie. Les heures brillantes qu'on rêve devant soi se voilent si promptement de passé et d'oubli. Cette nuit je suivais du regard, tout en le relevant de temps à autre au compas, le feu de Cérigo que nous avions à notre droite. Pourquoi avoir changé les vieux noms de ces terres mythologiques. Cérigo, c'est Cythère où Vénus naquit de l'écume des flots et qui donna le jour à Hélène.

Ce matin, quand nous eûmes dépassé le cap Saint-Ange, le vent de nord-ouest avait cessé. Le calme était revenu avec le soleil. Le Prince, qui se lève de bonne heure, s'est amusé à faire tirer les chefs de pièce sur l'écueil de Belo-Poulo. Chaque fois que le boulet frappait une des grandes taches blanches qui servaient de but, le Prince donnait vingt francs. Cet exercice, qui plaisait beaucoup aux canonniers, ne s'est terminé que lorsque Belo-Poulo a été hors de portée. Nous avons remonté au nord-est toute la journée en laissant Hydra sur notre gauche. Hydra a été le berceau de l'indépendance grecque. Vers cinq heures nous étions à l'ouvert du golfe d'Athènes. Devant, sur les hauteurs du cap Colonne ou Sunium, de blanches colonnes de marbre se détachaient sur le bleu foncé du ciel. Par babord on distinguait sur l'île d'Égine les ruines du temple de Jupiter et au fond du golfe un petit temple en miniature qui est le Parthénon. Ainsi s'annonce la Grèce par les chef-s d'œuvre de l'art. Point de végétation d'ailleurs. Pour piédestal à ces ruines élégantes, un peu grêles vues de si loin, il n'y a qu'une terre rocheuse, aride et nue. Nous avons bientôt passé entre les deux piliers du Pirée. Le port était plein de navires. La frégate française *la Magicienne*, une frégate russe, deux corvettes anglaise et grecque ont salué le Prince de vingt et un coups de canon. La musique de *la Magicienne* jouait *la Reine Hortense*. De rouges éclairs sillonnaient d'épais nuages de fumée blanche pendant que le soleil se couchait dans un nuage enflammé. Une heure après le silence s'est fait et l'on n'a plus aperçu dans la nuit que quelques lumières éparses sur les quais du Pirée.

XI

Le Pirée, Athènes.

Une des plus vives jouissances du voyageur est certainement de pénétrer pour la première fois dans un pays et une civilisation inconnus. Elle est plus vive encore lorsqu'elle est préparée par une longue attente, aussi je me rappelle avec quel plaisir je descendis autrefois au Pirée. Depuis mon arrivée en Grèce je n'avais encore vu que cette grande rade de Salamine, fermée de tous côtés par des montagnes chauves et brûlées, admirable champ de bataille pour deux flottes, plein de poésie et de tristesse. Ce matin, comme autrefois, je suis parti du bord en canot. En longeant la pointe du Pirée on aperçoit sur la plage les deux ou trois pierres couchées du tombeau de Thémistocle. C'est de là, dit Lord Byron, que l'ombre du grand homme salue les navires qui rentrent dans le port. La poésie a bien raison de vouloir que les cendres de Thémistocle reposent aux bords de la mer où il a combattu, mais la réalité n'en sait rien et s'abstient. A terre on ne peut s'empêcher de regarder avec intérêt et surprise toute cette population du Pirée avec ses pantalons bouffants, sa fustanelle, sa veste brodée, son paletot de poil de chèvre ou de peau de mouton, son fez, son teint bruni et ses longues moustaches. Cela semble une génération de vieux grognards. Mais la plupart de ces guerriers sont des cochers et, au lieu d'un fusil, portent un fouet. Il y a sur la place pour aller à Athènes une multitude de voitures de tout style et de toute époque, traînées par des chevaux maigres et infatigables. Je montai dans l'une d'elles, un vieux landau dont les beaux jours datent de 1820 et qui se plaignait douloureusement à chaque cahot.

Athènes est à deux lieues du Pirée. La route répand libéralement sa poussière sur le peu d'arbres que l'on rencontre. Le bois d'oliviers de Minerve est à peu près à moitié chemin. Ce bois mystérieux et toujours vert où la Déesse se promenait en blanche tunique, n'a plus guères aujourd'hui que le souvenir de son antique beauté. Il reste cependant quelques vieux oliviers aux troncs noueux et chenus. Ceux qui sont morts de vieillesse n'ont point été remplacés par de jeunes rejetons. La faute en est aux Turcs et à leur singulier système en matière de finances. De même qu'ils frappent d'un droit tout produit qui sort de chez eux et en exemptent tout produit qui y entre, ils avaient imposé non les vieux oliviers mais ceux qu'on pourrait planter. Aussi les Grecs n'en plantèrent pas. Après avoir laissé à ma droite le petit temple de Thésée, j'ai pénétré dans un grand village en train de devenir une capitale. C'était Athènes. J'ai traversé la rue d'Hermès dans toute sa longueur et rencontré en chemin une petite église bysantine sortant piteusement de terre et peinte à la fresque. La rue d'Hermès fait galamment un détour près de cette petite église pour lui permettre de vivre. Au bout de la rue d'Hermès on a en face de soi le palais du Roi, palais qui a besoin de brunir au milieu d'arbres qui ont besoin de pousser.

Je n'étais pas gai, j'étais seul et il pleuvait. En entrant à l'hôtel des *Étrangers* où je prenais gîte, il m'a semblé mettre le pied dans une maison de campagne que l'on ouvre par hasard. Cet hôtel n'avait pas d'habitants. Je me suis accoudé à la fenêtre et j'ai regardé le palais. Depuis dix ans il n'a pas changé. Les rideaux blancs du rez-de-chaussée sont toujours gris et les franges y manquent par places. J'allumai un cigare pour échapper à une tristesse vague qui me gagnait et je sortis. Je me trouvai presque aussitôt aux colonnes encore debout du temple de Jupiter Olympien. La teinte rose d'or que lui a jetée le soleil brunissait sous la pluie. J'en sortis par le portique d'Adrien et je montai à l'Acropole. Là je vis le Parthénon, l'Erectheum, autrefois le palais de Cécrops, dit-on, soutenu par six statues de femmes (αι Κόραι, *les Jeunes filles*) qui ont de l'aisance et de la fierté, le temple de la Victoire Aptère, des bas-reliefs, des morceaux de statues, mille débris d'un art évanoui.

J'ai été heureux de ma solitude qu'un rayon de soleil est venu éclairer. Ce qui fait la beauté d'un pareil lieu, ce n'est point seulement l'art. Isolé dans un musée — et cette supposition est presque permise, car ce qui frappe d'abord dans les temples grecs, c'est leur extrême petitesse — le Parthénon attirerait à peine le regard d'un indifférent. Mais c'est le charme et la mélancolie des souvenirs, ce sont les plaines d'Athènes qui se déroulent sous les pieds, c'est ce ciel d'un bleu pâle sur lequel se détachent avec leurs teintes rosées ces fières et élégantes colonnes. C'est l'imagination qui ressuscite aux lieux mêmes où il a vécu tout un peuple connu pour sa grâce, son esprit et son courage. On songe à l'avenir, on jette les teintes brunes des siècles sur les murs de la Madeleine, on brise quelques-unes de ses colonnes, on amoncelle à sa base les débris de Paris qui ne sera plus, et cet avenir qu'on évoque vous fait comprendre le passé dans toute sa poésie et toute sa majesté. Je redescendis lentement les degrés comme un Grec des anciens jours venant d'accomplir un sacrifice et je tournai le temple de Thésée pour rentrer en ville.

Je me trouvai devant le palais au moment où le roi Georges, accompagné du comte Sponeck, y rentrait. Je les vis de loin et ils paraissaient soucieux. Toutefois ils rentraient dans le palais, ce qui est plus rassurant que d'en sortir. On n'y revient quelquefois point. Témoin le roi Othon et la reine Amélie, qui furent bien étonnés quand on leur apprit à leur retour qu'une révolution s'était faite en leur absence. Je les vis autrefois partir pour la promenade à cheval qu'ils faisaient presque chaque jour depuis dix-sept ans. Il y avait à cette petite cour beaucoup d'étiquette. C'est ainsi que la reine, son écuyer et sa demoiselle d'honneur faisaient un temps de galop dans le jardin pendant que l'aide-de-camp du Roi attendait que se fussent écoulées les cinq minutes au bout desquelles Sa Majesté s'accordait le droit de sortir du palais. Quand le roi se mettait en selle, la reine et sa suite venaient se ranger à ses côtés et derrière lui. La reine Amélie d'Oldenbourg n'était déjà plus à cette époque l'admirable femme dont on m'avait parlé. Les chairs de son visage s'empâtaient un peu, mais elle était toujours gracieuse et belle. Le roi Othon, en costume fort riche de palikare, était maigre, pâle, les joues creuses, la moustache rousse, longue et pendante, et un peu plus vieux que ses trente-huit ans. Je faisais la haie avec quatre soldats bavarois, deux vieilles femmes qui tendaient des placets, deux domestiques et un mendiant.

Ce soir j'ai été voir *la Somnambule* au théâtre. Il y avait en tout une quinzaine de spectateurs, mais ils connaissaient les acteurs et les acteurs les connaissaient, de sorte que tout s'est passé en famille. On répondait de la scène au rire de la salle, et la salle riait avec la scène des notes un peu hasardées. Je me suis cru presque indiscret. Comme le théâtre est situé hors de la ville, dans un quartier que l'on doit bâtir un jour, j'ai eu besoin pour rentrer à mon hôtel des indications obligeantes d'un palikare armé d'une lanterne.

18 septembre

J'ai été revoir une seconde fois le Parthénon, mais je lui ai fait cette fois-ci une visite sérieuse. L'impression de M. de Lamartine au Parthénon est vraie. Au premier coup d'œil il manque de grandeur. Au second sa parfaite élégance remplace la grandeur qui manque. On entre au Parthénon par les Propylées, colonnes d'ordre dorique avec leur pied composé de deux tors et d'une storée. L'aspect de ces colonnes destinées à servir de vestibule était plus grandiose que celui du monument même.

L'architecte qui dirigeait les travaux tomba des Propylées et il y a une histoire à son sujet. La nuit qui précéda l'événement, Périclès avait vu en songe Minerve qui le lui avait annoncé, mais qui lui avait dit en même temps que l'architecte guérirait si on lui donnait en infusion d'une plante qui croît au Parthénon et que l'on nomma depuis Partheneium. L'architecte guérit en effet et, en reconnaissance de cette guérison, on éleva à Minerve, à la place même des Propylées, une statue dont on voit encore le socle.

En sortant des Propylées on aperçoit de biais le Parthénon et cela à dessein, car les anciens voulaient avoir en perspective les deux côtés de leurs temples.

Je ne saurais donner une idée plus exacte du Parthénon qu'en disant qu'il a servi de modèle à la Madeleine. Seulement le modèle est deux fois plus petit que la copie.

Son soubassement se compose de trois énormes marches en marbre. Sur ces marches se dressent, sans aucune espèce de piédestal, ce qui serait un pléonasme en architecture — pléonasme qui existe à la Madeleine et qui en diminuant la hauteur des colonnes semble un indice de pauvreté — des colonnes d'ordre dorique à cannelures sur lesquelles le soleil et le temps ont répandu cette teinte rosée dont j'ai déjà parlé et dont l'effet est charmant.

Le chapiteau des colonnes est en forme de bonnet de juge.

Vient ensuite l'architrave, puis les frises en ronde-bosse qui représentent la cavalcade des jeunes Athéniens le jour de la fête de Minerve. La position des cavaliers est pleine de grâce et de hardiesse.

Il y avait autrefois sept cent vingt pieds de frises. Il en reste à peu près cent soixante-dix que les Anglais n'ont pas enlevées. Un bivouac turc a mêlé les tons noirs de ses feux à la couleur dorée des colonnes.

Les caissons du Parthénon étaient peints et au fond du dernier caisson se trouvait une étoile de bronze. C'est un fait que M. Raoul-Rochette a toujours nié. Lors de son passage à Athènes, il y a quelques années, il fit dresser une échelle contre les murs du Parthénon. Un ouvrier y monta par son ordre : « Que voyez-vous? lui demanda M. Raoul-Rochette.

— De la peinture partout.

— C'est impossible, répondit le professeur. Descendez.

Et il continua de nier plus obstinément que jamais que les caissons du Parthénon eussent été peints.

Ce qu'il y a de remarquable dans le Parthénon, c'est que l'ensemble de ses lignes n'est pas droit. La base fait le dos d'âne pour remédier à cet effet d'optique par lequel une ligne droite creuse à son milieu. Les colonnes inclinent toutes de dehors en dedans, de sorte que la forme entière du Parthénon est celle d'une pyramide tronquée.

C'est peut-être à cette courbure imperceptible à l'œil mais sensible à l'imagination, que sont dues la grâce et l'élégance du Parthénon.

Au milieu on voit la place où se trouvait la grande statue or et ivoire de Minerve. Dans le temple de la Victoire, en entrant, il y a une charmante statue de femme remettant son brodequin.

Décidément Athènes est tout à fait petite ville. Mais je l'aime en cela. C'est aujourd'hui dimanche et j'y ai passé toute la journée. A onze heures, après la messe, les habitants et les habitantes sortent en grande toilette, les hommes en palikare, ce qui est le costume national, les guêtres montant jusqu'au genou, la fustanelle blanche faisant trente fois le tour du corps, le gilet brodé, la veste à longues manches ouvertes sur le bras et le fez ; les femmes en robes françaises, mais les cheveux coquettement ramassés et mêlés de fleurs et de perles sous un petit fez à gland d'or ou de soie. Ce qu'il y a de singulier, c'est que les hommes, à l'aide d'une ceinture de cuir, se font tous une taille de guèpe, tandis que les femmes grossissent la leur à dessein. Est-ce un indirect hommage rendu à la déesse Lucine ou trouvent-elles que cette dignité de la démarche est faite pour inspirer l'amour? Je m'arrêterais à cette dernière supposition car il y a une chanson grecque où un jeune homme dit à sa maîtresse :

« O ma belle maîtresse,
Que j'aime à te voir ainsi marcher comme une oie grasse.

A ce compte il y a bien peu de Françaises qui consentiraient à devenir Grecques, même à la condition d'être aimées. A deux heures on s'assied sous les colonnes du temple de Jupiter Olympien et l'on prend du café. A trois heures on va écouter la musique sur la route d'Elensis. Autrefois le roi et la reine ne manquaient jamais d'y venir. Le roi était en palikare, costume favori qu'il portait toujours. Il faisait sur un beau cheval noir piaffant le tour de l'enceinte, en saluant la foule bigarrée des soldats en uniforme bavarois, des palikares le poing sur la hanche, et des femmes aussi gracieuses sous le costume national que ridiculement accoutrées dans d'impossibles toilettes européennes. A cinq heures chacun revient en ville et le soir on ne rencontre plus que les réverbères dans les rues et des palikares dans les cafés.

Et cependant Byron ne tarit pas sur Athènes. Il a tellement aimé la Grèce qu'il est venu y mourir. Il a fait sur elle *le Giaour*, *la Fiancée d'Abydos* et *le Siége de Corinthe*. Il l'appelait sa chère Grèce dans *Childe Harold*. Il chante le tombeau de Thémistocle, ces pierres maussades qui ne recouvrent absolument rien. Oui, le vainqueur de Salamine a dû déserter cette terre ignorée et froide où il ne rencontrerait plus ni Aspasie, ni Alcibiade, ni Périclès, ni Socrate. Mais Byron est poëte et la poésie comme l'amour jette sur tout ce qu'elle voit un voile d'or et de pourpre. D'ailleurs les poëtes naissent sous une heureuse étoile et la réalité se fait pour eux la complice de l'imagination.

Quand Lord Byron était en Grèce, en 1820, il avait une maitresse qu'il aimait beaucoup et qui s'appelait Leila. La Grèce alors appartenait aux Turcs et il était complétement défendu aux femmes d'aimer un giaour. En carême on ne devait même aimer personne. Or Byron et Leila s'aimaient et précisément s'aimaient en ramazan. Il est vrai que les amants croyaient avoir dérobé leur amour à tous les yeux. Un soir que, selon son habitude, Byron se promenait à cheval sur le bord de la mer, il vit venir à lui une troupe de soldats turcs portant au milieu d'eux un objet informe. Cette rencontre l'intrigua. Byron n'était pas seulement un grand poëte, c'était encore un grand seigneur. Il aimait le faste et le luxe presque autant que les beaux vers. Aussi ne sortait-il jamais sans être escorté de cinq ou six Albanais richement vêtus et armés jusqu'aux dents. Il dépêcha un de ses hommes vers la petite troupe et, un instant après, cet homme vint lui dire que l'objet porté par les soldats était une femme liée dans un sac. Aussitôt Byron piqua des deux vers les Turcs et grâce à l'attitude de son escorte se fit ouvrir le sac. Ce fut Leila qui en sortit, Leila dont on avait surpris les amours, et qui, toute frémissante, se jeta au cou de son amant et de son sauveur. On revint en ville et par un riche présent Byron obtint du cadi la grâce de Leila. Toutefois il dut renoncer à elle, et Leila, conduite à Thèbes chez des parents, y mourut peu après d'un accès de fièvre ou peut-être d'amour, raconte Byron.

Quant à lui, le sublime égoïste, il se consola d'avoir perdu Leila en faisant *le Giaour*.

19 septembre.

Ce soir *la Magicienne* a donné un bal aux Princesses. La frégate était ornée avec l'élégante simplicité des fêtes de bord. Des lumières, des armes et des fleurs. Au milieu de la salle de bal, encadrée de pavillons, un jet d'eau retombait dans une vasque entourée d'arbustes. Parmi les remarquables physionomies du bal il y avait l'amiral Canaris, vieillard de quatre-vingts ans, une tête de lion sous une longue crinière blanche. Lord Byron, Victor Hugo et Lamartine l'ont chanté autrefois. On le regardait avec curiosité et on le saluait avec respect. Le roi Georges est venu lui serrer la main. Le nouveau souverain des Grecs est un très-grand jeune homme, aux manières allemandes, d'un visage intelligent et doux. Il adore la danse et ne s'est retiré qu'à la fin du bal. La soirée a été jolie, mais il n'y avait peut-être pas tout à fait assez de monde.

XII

En mer, 20 septembre.

Adieu, Athènes! Puissé-je ne te revoir que rarement dans ma vie! Quand on ne passe que trois jours en Grèce, la déception, quoique vive, est de courte durée. Mais à d'autres époques j'y ai vécu de longs mois. C'était à Salamine avec l'escadre, aux débuts de la guerre de Crimée, et plus tard, pendant l'occupation de Grèce. Alors la déception n'est plus rien auprès de l'ennui profond auquel on est en proie sur cette terre à demi civilisée où les plaisirs sont nuls, les communications difficiles, les relations incomplètes et banales. Il en est d'ailleurs des îles de la Grèce comme de la Grèce elle-même. Plus encore. Le néant seul habite ces îles enchantées qui flottent dans un léger mirage, au milieu de mille vapeurs, entre l'azur du ciel et celui de la mer. Il faut les contempler dans ses souvenirs et n'y point aborder. Autrement la nudité et la pauvreté de ces terres sacrées indigne le voyageur qui les voit toutes peuplées encore de chefs-d'œuvre et de grands hommes. L'idée de leur grandeur passée est même tellement enracinée dans l'esprit, qu'on la ressuscite malgré soi. On ne veut pas que toute cette poésie soit morte et, si l'on descend à Milo, si l'on aperçoit quelques lauriers-roses aux fentes des rochers, on se figure que la Vénus elle-même va dans sa souveraine beauté venir à votre rencontre et vous apporter les gâteaux et le miel. Quelques instants plus tard, quand on mange, au seuil d'une chaumière, un mouton à la palikare et quelques olives, l'illusion persiste encore. Écrit-on après son déjeuner à l'un de ses amis de Paris, l'on met orgueilleusement *Milo* au bas de sa lettre, à côté de la date. Et l'ami qui reçoit la lettre se dit en parlant de vous : Est-il heureux d'être à Milo. Puis, tout rêveur, un peu jaloux, si quelques fumées de la Grèce antique lui montent à la tête, cet ami va peut-être voir au Louvre la vraie Vénus. C'est lui qui est heureux. Il y a peut-être de cet orgueil obstiné et naïf dans le plaisir qu'on prend à la royauté de Grèce. Le triste ennui s'assied à côté de vous sur ce trône, mais on signe : Othon, roi. Palais d'Athènes. Les finances sont obérées, les ministres infidèles, les troupes séditieuses, le parlement se livre à de stériles disputes : on met au bas d'un décret : Georges, roi. Palais d'Athènes. Palais d'Athènes a réponse à tout.

Nous doublons à gauche le cap Sunium; nous laissons à droite Zéa, c'est-à-dire Céos, qui donna le jour à Simonide et à Bacchylide. — Que *le Cacique* n'a-t-il des ailes! — Nous arrivons au canal Douro, entre la presqu'île de Négrepont, l'ancienne Eubée, et Andros : sur la presqu'île est le petit village de Karisto. Autrefois, quand *le Narval* croisait dans le canal de Douro pour y prendre en calme ou par vent contraire les navires qui venaient d'Orient, j'allais souvent le soir à Karisto ou plutôt à une jolie habitation que s'y était bâtie, par je ne sais quel caprice, un ancien chef de bataillon français. M. B... était un homme de soixante ans, plein de verdeur, qui avait épousé une jeune femme. Il en avait eu deux enfants, cultivait ses terres, et le soir prenait son café et fumait son chibouck devant sa maison sur une terrasse ombragée de grands arbres et d'où l'on apercevait la mer. Je ne crois pas, pour ma part, à ces douteuses patries que la vieillesse s'improvise parfois avec toute la témérité des jeunes années. Je viens de demander au pilote s'il connaissait M. B. Il le connaît et l'a vu dernièrement à Syra où il était en procès avec le gouvernement grec. Dans les derniers troubles, les bandes de l'Eubée avaient dévasté ses jardins, pillé sa maison, et peu s'en était fallu qu'il ne fût tué.

XIII

Bessika, 21 septembre.

Nous nous dirigeons toujours vers le nord-est en laissant des îles à droite et à gauche. C'est d'abord Skiros, puis Ipsara que les Turcs prirent en 1824 et dont ils massacrèrent les habitants, Le pilote me dit qu'on y boit de bon vin rouge. A droite encore, c'est Mitylène, la patrie de Sapho, la plus célèbre des femmes-poëtes. A gauche, c'est Ténédos.

Est in conspectu Tenedos

s'écrie Virgile. Il y a par hasard un Virgile à bord. Nous en avons relu quelques pages. Comment les Troyens n'ont-ils pas eu l'idée de regarder derrière Ténédos avant de se persuader que la flotte des Grecs était partie. Et comment n'ont-ils pas sondé les flancs du cheval de bois quand Laocoon leur disait avec tant de bon sens ces mots qui sont devenus un proverbe : *Timeo Danaos et dona ferentes.* Il est vrai que, quelques vers plus loin, il y a : *Seu jam Trojæ sic fata ferebant.* Ainsi la fatalité s'invoquait déjà aux rives où elle devait s'affirmer plus tard. A notre droite est la Troade. Cependant il est de grand matin, et *le Cacique* va s'arrêter quelques heures pour que ses hôtes, par ce beau soleil et cette belle matinée d'automne, puissent descendre à terre. C'est là, en effet, que les Grecs ont campé pendant dix ans. Ces tumulus sont, dit-on, les tombeaux d'Achille et de Patrocle. Au fond de cette plaine que baignent le Simoïs et le Scamandre, au pied de cette colline s'élevait Troie. Cette plage fameuse n'a plus aujourd'hui que des souvenirs, et s'ils suffisent une heure à l'imagination du voyageur qui passe et les oublie, ils sont impuissants à remplir les longs jours de rêverie et d'attente. L'histoire des voyages est un peu celle de la coupe qu'il ne faut jamais vider jusqu'au fond, car presque partout la réalité tue la poésie et l'admiration est, de tous les sentiments humains, celui qui se lasse le plus vite — je dis cela pour autrefois, quand les escadres avaient jeté l'ancre à l'endroit même où *le Cacique* vient de mouiller. A cette époque, une des sept plaies de l'Égypte, les sauterelles, dévoraient la côte; elles mouraient et naissaient par millions. Pendant la chaleur étouffante du jour on les voyait tourbillonner en nuages épais à quelques pieds du sol. Bientôt elles couvrirent en si grand nombre le Simoïs et le Scamandre, que l'eau corrompue en devint impossible à boire. En ce temps-là aussi des marchands grecs et smyrniotes étaient venus s'établir à Bessika, et leurs cabanes adossées les unes aux autres formaient une sorte de village qui, grâce au voisinage de la boucherie établie par les escadres, avait reçu le nom tristement pompeux de *Charognopolis*. Aujourd'hui il n'y a plus qu'une plage de sable.

L'état-major organise une grande course dans l'intérieur du pays. La caravane s'assemble. Au centre sont deux ou trois mulets chargés de provisions. Le maître-d'hôtel, les domestiques veillent sur ce dépôt précieux. A l'entour viennent les gourmands, les rêveurs, les promeneurs, ceux qui aiment à marcher à petits pas en causant et en fumant; à l'arrière-garde sont les archéologues, un Choiseul-Gouffier sous le bras. — Heureux hommes et hommes charmants! — Ils vont se donner beaucoup de peine pour vérifier la place où Troie n'a point existé, pour mesurer le Scamandre qu'Achille franchissait d'un bond, pour étudier la topographie d'Homère. Si on leur demande des renseignements sur Alexandria-Troie, dont quelques ruines existent encore à plusieurs lieues de là : « Vous entrerez, vous répondent-ils, par la grande porte, vous laisserez le théâtre sur votre gauche, le temple d'Apollon à votre droite et vous serez alors sur la place publique. » Cette ville fantastique jaillit toute rebâtie de leur imagination comme Minerve sortit armée du cerveau de Jupiter. Les chasseurs et les chiens s'éparpillent sur les flancs. — L'on marche ainsi de six heures du matin à onze heures, contournant des ravins, gravissant des collines, côtoyant les bords du Simoïs et du Scamandre qui coulent au milieu d'un paysage plein d'arbustes et de verdure, traversant de lieue en lieue de petits villages turcs où des femmes voilées puisent de l'eau à la fontaine, où les hommes fument dans un silence plein de gravité, où les chameaux et les chèvres passent en agitant leurs clochettes, ou le muezzin appelle du haut de son minaret les croyants à la prière. De loin en loin une cigogne, posée sur une patte, se découpe sur le ciel d'azur — la stupidité dans l'immobilité. — A onze heures l'on arrive au Scamandre. Cet impétueux petit torrent s'annonce de loin par son murmure. Il roule en bondissant sur ses cailloux au-dessous de grands arbres ; ses eaux sont glaciales. C'est là que l'on enfouit le champagne dans un lit de cresson. Un peu fatigué et échauffé par la route, il en sort reposé et frappé. Les Grecs d'une cabane voisine préparent le mouton à la palikare. En un instant l'animal est égorgé, dépouillé, embroché sur un long bâton et roule au-dessus de charbons ardents. Quand il est cuit à point l'on s'assied et l'on déjeune. Le premier appétit satisfait, l'on mange plus lentement et l'on cause. Ces heures de causerie à table resteront parmi les meilleurs souvenirs de ma vie de marin. Les convives d'une table de bord ont tous de vingt à quarante ans. Les uns sont au seuil de la jeunesse, les autres l'ont parcourue et ne la regrettent point encore. Leur carrière les a conduits à tous les points du monde et le hasard les rassemble dans une existence commune de quelques mois pour y fondre leurs impressions, leurs souvenirs divers, pour lui imprimer le cachet différent de leur caractère et de leur esprit. Quand cette pauvre intelligence humaine, rendue un peu lente et un peu morose par l'isolement de la vie, par l'absence des affections, s'échauffe aux excitations du repas, elle devient charmante. Elle s'épanche en récits intimes, s'échappe en saillies, s'arme de toutes pièces pour la discussion, puis bientôt elle rit d'elle-même et, après avoir été sérieuse, sait se montrer moqueuse et élégamment sceptique. Je sais bien qu'on en revient toujours au mot de Montaigne : — Que sais-je ? — mais on a fait l'école buissonnière par les plus jolis sentiers de l'esprit et du cœur. Pendant ce temps le soleil est monté à l'horizon, le vent ne court plus dans les arbres, la nature semble prête à s'assoupir ; chacun fait comme elle, cherche un peu de mousse pour sa tête, un peu d'ombrage pour ses yeux, et, sous l'impression de ce qu'il vient de dire, de ce qu'il vient d'entendre, s'endort entre le regret du passé et l'espérance de l'avenir.

A trois heures on s'éveille et on se remet en marche pour prendre un bain au Simoïs. Lorsque ses eaux, aussi tièdes que celles du Scamandre sont glaciales, ont assoupli les membres fatigués, on recommence courageusement les quatre à cinq lieues que l'on a faites le matin et on rentre à bord au moment où le soleil se couche.

Au déjeuner le hasard avait fait voler sur mes genoux un morceau de papier qui entortillait un manche de gigot. C'était un fragment d'*Acté*, d'Alexandre Dumas. Le grand romancier racontait un des combats du Cirque : Cent mille spectateurs se pressaient sur les gradins ; au-dessous, les animaux féroces enfermés poussaient de sourds rugissements ; les gladiateurs entraient dans l'arène et, se tournant vers la loge impériale, s'écriaient : *Ave, Cæsar, morituri te salutant.*

Il m'a semblé que, sur cette terre classique, l'antiquité réclamait à son tour un moment d'étude et de rêverie. Je me suis mis à relire l'*Iliade* et l'*Odyssée*.

C'est une histoire étrange et grandiose à lire quand on n'est plus un enfant. Nul peuple, autant que les Grecs, n'étonne par sa cruauté, par son mépris de la foi jurée, par son égoïsme, sa cupidité, son inintelligence de l'amour, par tous ces tristes défauts qui l'ont suivi à travers les âges et qui lui ont valu sa réputation de perfidie et de duplicité. Il est vrai que, dans cet âge héroïque, Homère leur donne pour contre-poids le respect de l'hospitalité, le dévouement à l'amitié et le sentiment de la beauté dans la forme, sentiment qui fait du peuple grec un peuple poëte, si positif qu'il soit d'ailleurs.

Quant à ces peuples amenés des différents points de la Grèce, ce sont moins des soldats que des républiques armées, campées sur un champ de bataille. Le roi ou le chef ne règne pas ; c'est à peine s'il gouverne. Souvent l'ennui les saisit et je comprends trop bien qu'à Bessika les échecs de Palamède et le jeu de l'oie ne leur suffisent plus. Aussi tournent-ils leurs regards vers la patrie absente. Un homme se présente pour les haranguer : Thersite. Quelques cheveux à peine voltigent sur sa tête ; il a une épaule plus haute que l'autre, la poitrine enfoncée, le regard louche. Il caresse leurs mauvais instincts ; il leur peint Agamemnon gorgé de butin sous sa tente, les autres chefs dans les bras de belles esclaves. Bientôt un vent de sédition court sur cette foule : Les Grecs vont marcher au rivage et remonter sur leurs vaisseaux. C'est alors que le héros paraît : il porte un sceptre d'or à la main ; sa démarche est celle d'un Dieu. Il va droit au lâche, le frappe de son sceptre. Une tumeur se forme sous la peau meurtrie ; le lâche tombe à genoux en pleurant. Les Grecs rient et applaudissent. Le héros fait alors appel à chacun d'eux ; par tous les moyens il cherche à les conquérir un à un à sa cause, mais il réussit surtout en promettant à leur cupidité le butin renfermé dans les murs de Troie. Les Grecs demandent le combat à grands cris.

De leur côté, les Troyens sortent de leurs murailles. Alors s'avancent les bataillons et les chars. Les guerriers fameux sont au premier rang. Ils s'arrêtent à quelque distance de leurs adversaires pour les accabler d'injures. Homère les fait parler longtemps et admirablement : mais, à l'éloquence près, on reconnaît déjà les Grecs discoureurs et fanfarons du moyen-âge. Enfin on en vient aux coups et toute la poésie grecque reparaît : les belles chevelures blondes sont souillées; les regards se couvrent des ombres de la mort; la vie s'échappe avec le sang par une large plaie; les Dieux eux-mêmes combattent dans la mêlée.

Si l'Iliade peint le côté militaire de la vie grecque, l'Odyssée en reproduit le côté intime. Ulysse est le plus rusé des Grecs. Il a au plus haut point l'amour de la propriété sans aucun mélange d'attendrissement. Quand il revient dans sa patrie, Minerve lui apparaît et lui demande qui il est. — Je suis, dit-il, un malheureux étranger que le naufrage a jeté dans cette île. — Toujours fin, toujours rusé! lui répond la Déssse, tu en revendrais aux Dieux mêmes (traduction Dacier). — Elle reprend alors sa véritable forme et le héros et la Déesse causent comme de vieux amis. Quand son chien meurt de joie en le reconnaissant, Ulysse est à peine ému; ce qui le frappe dans Eumée, c'est moins le dévouement du serviteur pour le maître que le soin qu'il a pris de ses domaines; ce qui irrite surtout Eumée contre les prétendants, c'est qu'ils égorgent les troupeaux de son maître. Pénélope elle-même hésite à choisir un époux, moins par fidélité pour Ulysse que parce qu'elle ne sait encore lequel des prétendants est le meilleur parti. Télémaque lui conseille de les réunir et de promettre sa main à celui d'entre eux qui apportera les plus riches présents. Quant aux prétendants, ils ne songent pas le moins du monde à séduire Pénélope, mais à l'épouser en tout bien tout honneur. Ils prennent ses refus en patience en buvant énormément, en mangeant des bœufs entiers servis sur des plats d'or, comme les Burgraves de Victor Hugo, et en se divertissant avec les filles d'honneur de la Reine. Celles-là sont les plus maltraitées dans le poëme. Il est vrai qu'elles manquent à l'hospitalité, la première vertu des Grecs. Elles insultent Ulysse couvert de haillons. Aussitôt le héros roule des yeux furieux : « Fuyez, imprudentes, leur dit-il, je préviendrai Télémaque et il vous hachera en morceaux. — Il paraît que la menace n'a rien d'étrange même dans la bouche d'un mendiant, car elles se sauvent épouvantées. Elles finissent par être traquées dans une cour du palais et par être tuées à coups d'épée. C'est Ulysse et Télémaque qui se chargent de cette besogne. Enfin le divin Ulysse règne sur Ithaque ; mais je suis bien sûr qu'avant de se coucher il rangera avec soin, sur un escabeau, auprès de son lit, ses cothurnes et sa tunique.

XIV

En mer, 22 septembre.

Hier, vers cinq heures du soir, nous sommes entrés dans le détroit des Dardanelles. Une nuée de bâtiments retenus à l'ancre par le vent contraire nous regardaient passer. Un accident de machine nous a tout à coup forcés de mouiller sur la côte d'Europe. Deux heures après, nous repartions et nous arrivions à dix heures au petit village des Dardanelles; nous y sommes restés la nuit. Le matin je suis descendu une heure à terre. Les Dardanelles initient à la vie turque. Une trentaine de femmes voilées étaient assises sur la plage. Des Turcs, semblables à ceux que dépeignent les romanceros espagnols, nageaient dans des caïks. D'autres prenaient gravement du café et fumaient le narguilé sur le port. Toutes les maisons sont bâties en bois, ouvragées et découpées en colonnettes et en balcons. Le Harem du Pacha est isolé, secret et mystérieux, avec ses jalousies baissées. Le Pacha dormait dans sa citadelle où se chauffaient à un soleil de feu, comme de monstrueux serpents, ces canons géants où l'on hisse avec des chevalets des boulets de marbre. Les minarets s'élèvent comme autant de flèches au-dessus des mosquées. Tout autour des mosquées sont les cimetières. La pierre tumulaire des Turcs n'est autre qu'un morceau de marbre blanc debout et coiffé d'un turban. Cela produit un effet singulier. Les morts ensevelis semblent se dresser de leurs tombeaux. Les grands arbres bruissaient doucement au-dessus, agités par un vent léger. On doit bien dormir là dans l'oubli et dans le repos. — Vers neuf heures du matin nous sommes repartis. Le vent de sud s'était fait et des centaines de navires, comme des troupes d'oiseaux aux ailes blanches, remontaient le détroit qui, tout brillant des rayons du soleil, se déroulait avec ses flots bleus, la perspective de ses rives, ses oasis de verdure, entre deux promontoires. A Gallipoli, vers une heure, presque à l'entrée de la mer de Marmara, nous avons vu, au balcon du consulat, le consul et sa famille. Pendant que le pavillon du consulat saluait le Prince, les deux jeunes filles du consul et leur mère s'inclinaient devant les Princesses. Ces femmes en robe blanche, en chapeau de paille, étaient une apparition de la patrie sur cette terre lointaine. — La journée et la nuit vont s'écouler à traverser la mer de Marmara, et demain nous serons à Constantinople.

XV

Constantinople, 23 septembre.

Ce matin, à sept heures, tout le monde était sur le pont pour voir Constantinople au lever du soleil. Ce qu'on en aperçoit de la mer de Marmara, en dehors de la pointe du sérail, n'excite point d'abord l'admiration. C'est un grand faubourg aux toits de tuiles brunes, légèrement inclinés, d'un aspect ennuyeux et plat comme celui d'Athènes. Il faut attendre. La pointe du sérail qui enserre Constantinople du côté de la mer de Marmara et s'avance dans le Bosphore s'ouvre peu à peu et l'on découvre alors les grands arbres verts et les constructions blanches du Vieux Sérail. Quand on a doublé la pointe, le plus merveilleux spectacle s'offre d'un seul coup aux regards sur les deux rives de la Corne d'Or, profond canal qui s'enfonce de près d'une lieue dans les terres d'Europe, admirable port où s'abritent, aussi épais que les arbres d'une forêt, des milliers de navires. Sur les sept collines qui montent de ses rives et les couronnent, Constantinople se déploie dans son immensité. Une multitude de mosquées aux dômes argentés et dorés domine cet océan de maisons d'où s'élancent les longues et étroites tours des minarets. Des bois de sapins, des champs des morts avec leurs pierres blanches et leurs cyprès, de hauts remparts d'une teinte grise ou se mêlent à la ville ou l'entourent. Les trois cités de Stamboul, de Galata et de Péra se confondent dans ce panorama grandiose. En face de Constantinople, de l'autre côté du Bosphore, large d'une demi-lieue, s'étend à perte de vue Scutari, la Constantinople d'Asie. Au fond, en remontant vers le nord, ce sont les rives fuyantes du Bosphore toutes chargées de villages et de palais. Constantinople, aperçu ainsi, est la plus splendide apparition de cité qui soit au monde, c'est la couleur, la vie, le mouvement, la richesse, la poésie des lieux et des choses dans le cadre le plus magnifique que la nature, orgueilleusement prodigue de sa végétation, de ses eaux et de son ciel, puisse prêter à l'activité humaine.

Dans l'après-midi j'ai été rendre une visite de la part du commandant à l'amiral turc et au capitaine du port qui avaient envoyé des officiers faire leurs offres de service. La flotte turque, qui ne se compose maintenant que de trois vaisseaux armés, est mouillée au milieu du Bosphore. Je suis allé avec la baleinière à bord du *Mahmoudié*. Il n'y a plus de différence aujourd'hui entre les vaisseaux turcs et les vaisseaux anglais et français. Le service seul s'y fait moins bien, quoique avec une louable émulation d'égaler les puissances maritimes de l'Occident. Le commandant est venu me recevoir lui-même, ce qui est d'une grande prévenance envers un officier subalterne, et m'a conduit chez lui où on a servi aussitôt le café, les chibouques et les confitures. C'est d'ailleurs, on le sait, l'usage des Turcs dans toute visite qu'ils reçoivent. Ce serait un bon exemple à suivre en France, moins encore comme cordialité et courtoisie d'hospitalité que comme ressource de conversation. On ne veut point se douter assez de ce qu'il y a de caprices d'idées dans les petits nuages bleus de la fumée et d'aimable esprit dans une tasse de café. Je ne dis point cela pour ma visite au *Mahmoudié*. Le commandant ne parlait pas plus français que je ne parlais turc. Il a fait venir un officier qui parlait quelque peu italien et le mécanicien qui était Anglais et, avec quelques mots de ces deux langues, j'ai pu lui adresser les remerciements dont j'étais chargé pour lui et lui donner les renseignements qu'il me demandait. J'ai pris congé de lui pour me rendre à terre chez le capitaine du port. La direction du port est tout près du pont de Galata. Ce pont est un des trois que Mahmoud a audacieusement jetés d'une rive à l'autre de la Corne d'Or. Il fallait pour cela le réformateur sceptique qui buvait du champagne et qui fit massacrer les janissaires. Les Turcs, jusqu'à lui, n'admettaient pas que l'on réunît ce que Dieu avait séparé, et les eaux d'un fleuve ou d'un bras de mer qu'il avait faites libres ne devaient pas rouler sous des planches qui leur dérobassent la vue du ciel. On passait la Corne d'or en bateau. Je dus me frayer un chemin à travers les nombreux navires à l'ancre, les caïks qui se croisaient en tous sens et les vapeurs qui se détachaient à chaque instant du pont pour aller à l'île des Princes dans la mer de Marmara ou aux différentes échelles du Bosphore depuis Constantinople jusqu'à la mer Noire. La direction du port, comme toutes les maisons qui l'avoisinent, est bâtie sur pilotis. J'y abordai en baleinière et j'y reçus, en m'acquittant de ma corvée, le même accueil qu'au *Mahmoudié*. En sortant je montai sur le pont. C'est sans contredit l'endroit le plus curieux de Constantinople. Il s'y agite du matin jusqu'au soir une foule inouïe de mouvement et de couleurs, une cohue miroitante d'hommes, de chevaux et de carrosses. Toutes les nations, toutes les physionomies semblent s'y être donné rendez-vous. Le Perse y passe grave en bonnet d'astrakan haut de deux pieds. Le Juif, en houppelande, sa barbe dans la main, s'y glisse d'un pas furtif. Le Tartare qui descend de la montagne ou le bédouin du Désert marchent le fusil sur l'épaule avec un air menaçant. Les portefaix, ployés en deux sous le fardeau qui déborde, le front en sueur, le feu dans la poitrine, y traînent leurs pas pesants. En revanche l'eunuque à cheval, les bras cerclés d'argent, montre ses dents blanches et promène autour de lui un regard soupçonneux et colère. C'est qu'il escorte un harem. On voit au fond d'une voiture quatre à cinq femmes, le visage couvert d'une gaze transparente et croisant nonchalamment leurs pantalons bouffants sur de larges coussins. Les voitures surtout paraissent extraordinaires. Ce sont pour la plupart, en dehors de l'araba qui est fort commun et ressemble à un char à bœufs, les carrosses les plus maniérés de la fin du dix-huitième siècle. Tantôt elles sont à glaces ouvertes sur les côtés et surmontées de panaches, pareilles ainsi à des conques recouvertes d'un dais d'église. D'autres fois, ce sont des caisses ovales et hautes en bois de laque avec des sujets dorés en ronde-bosse ou de délicates peintures de fleurs et d'oiseaux. Tout cela, du reste, écaillé ou terni. Plus loin, c'est un cheval à tous crins qui porte un pacha replet. Tous les Turcs sont gros, arrivés à un certain âge. Ils le sont de conformation et le paraissent plus encore avec le pantalon et la redingote boutonnée de la réforme. Quatre domestiques tiennent les coins de la chabraque dorée et escortent leur maître au pas ou au petit trot. L'un de ces domestiques est chargé du chibouque, le second du café, le troisième du feu, et je crois que le dernier, comme le quatrième officier de Marlborough, ne porte rien. Çà et là, comme contraste à ces pachas, un palikare en fustanelle blanche, aux longs cheveux bouclés, à la guêtre de cuir montant jusqu'au genou, marche coquettement et le poing sur la hanche. La dame de Péra se rend au bazar en chaise à porteurs. Des grisettes, également de Péra, mais à pied, trottent menu selon la tradition et s'amusent à lorgner les vieux Turcs. Mais ceux-ci, en dignes fils d'Osman, ne s'en émeuvent point. Enfin une nuée de chiens jaunes. Ce sont les hôtes respectés de la ville turque. Les uns errent par bandes au milieu de la foule. Les autres, l'œil à demi clos, les oreilles pointées, sommeillent en grognant le long des parapets. Et tout cela au bruit des sifflets des bateaux à vapeur, de cris de toutes sortes et des chants des matelots qui déchargent leurs navires.

C'est à l'extrémité du pont de Galata que se trouve le bazar. On ne peut le comparer en rien à nos splendides passages européens, tout ruisselants de luxe et de lumière. Ce n'est qu'un vaste labyrinthe de hautes et étroites galeries voûtées. Mais, par des ouvertures pratiquées à leur sommet, le soleil projette ses rayons sur toutes ces choses éclatantes qui font le commerce du Levant, étoffes de soie brodées d'or, tapis de Smyrne, chabraques garnies de pierres précieuses, narguilés d'argent, chibouques enroulés de perles et au bout d'ambre, houkas, armes étincelantes. Quelques-unes des femmes du sultan, escortées d'eunuques, y faisaient des emplettes. On ne saurait les approcher de très-près, mais on les voit fort bien. Elles sont chaussées de bottines jaunes montant à mi-jambes, et vêtues de larges pantalons d'étoffe légère, d'une tunique et d'un manteau de même couleur. Leurs formes arrondies et pleines — il n'est jamais question en Turquie de l'élégance de la taille — s'accusent sous ce costume malgré son ampleur. Les seins, à peine couverts, sont ramenés en avant. Le voile est en deux parties.

L'une descend sur le front jusqu'aux sourcils. L'autre monte du bas du visage au-dessous des yeux. Sous ce masque léger les chairs paraissent d'une teinte plus délicate, plus blanches et plus roses. On n'aperçoit que mieux à découvert la ligne noire de leurs yeux brillants, agrandis par le cobalt, et de leurs sourcils peints et réunis. Leurs ongles sont teints de henné, leurs bras potelés, leurs mains grasses et jolies. Il y a dans l'ensemble de leurs traits je ne sais quelle expression incertaine et touchante. L'âme semble habiter au-delà de cette physionomie, mais prête à lui communiquer sa flamme si on lui permettait d'exister.

24 septembre.

Ce matin je suis monté de bonne heure sur la passerelle et j'ai regardé Constantinople. Ce merveilleux pêle-mêle de maisons, de mosquées, de bois et de remparts flottait dans un léger brouillard sur lequel le soleil jetait de temps à autre des bandes d'éclatante lumière. Je suis redescendu dans mes souvenirs. C'est par une matinée presque semblable, mais dans des circonstances plus graves, que Constantinople m'est apparu pour la première fois. Le 12 septembre 1853, nous allions assister à la fête du

Beiram où l'on devait, disait-on, assassiner le sultan. Les Ulémas devaient lui demander la guerre contre la Russie et le tuer s'il refusait. Nous étions plusieurs officiers arrivés la veille au soir de Bessika en permission de quelques jours. Nous traversâmes la Corne d'Or en caïk et nous fîmes débarquer devant la porte, — la Sublime Porte, — du Vieux Sérail. Il tombait une pluie fine, le ciel roulait des nuages gris, le vent soufflait par rafales dans les arbres. L'aspect du temps, l'attente de l'événement, les lieux mêmes où nous étions nous causaient une impression vive. Les Ulémas arrivaient les uns après les autres à cheval, entourés de domestiques qui tenaient la bride et l'étrier. Ils étaient revêtus de longues robes et coiffés du turban. C'étaient pour la plupart des vieillards à barbe grise ou blanche, mais au profil énergique, aux yeux étincelants. Ils jetaient sur nous de froids regards et disparaissaient dans la première cour du sérail où il ne nous était pas encore permis de pénétrer. Il fallait que le sultan Abdul-Medjid en sortît pour se rendre à la mosquée d'Achmet, où il devait immoler l'énorme mouton du Beiram, à l'épaisse toison de neige, aux pieds et aux cornes dorés. Nous ne pouvions entrer dans le sérail qu'à sa suite et à son retour. Une musique militaire qui jouait l'hymne au sultan annonça son arrivée. Toute la garde impériale faisait la haie. Le sultan parut à cheval, précédé de ses pages, tous habillés de velours incarnadin, avec de hautes toques de velours et d'étoffes pareilles d'où s'élançaient de longs plumets blancs en forme de croissant. Il était suivi des grands dignitaires de sa cour. Le cortége s'avançait lentement. Abdul-Medjid montait un beau cheval dont la chabraque était garnie d'or et de pierreries. Il portait une redingote avec un collet brodé de brillants, un manteau à manches et l'aigrette des sultans, dont le diamant d'attache est aussi renommé que le Régent. C'était un jeune homme de vingt-huit à trente ans, au teint blafard, au nez fort, aux traits grossis et fatigués, à la barbe courte portée tout entière, aux yeux noirs d'un éclat morne, si cela peut se dire. Au bout d'une demi-heure il revint de la mosquée et nous entrâmes après lui dans la première cour du Vieux Sérail. C'est dans cette cour, sur la gauche en entrant, que se trouve la maison de bois d'où les ambassadeurs et les étrangers de distinction assistent, à l'écart, à la cérémonie du Beiram. Cette cour, fermée de murs blancs, est plantée d'arbres séculaires d'un vert sombre. Au fond, sous des arcades mauresques peintes de diverses couleurs, était assis le corps entier des Ulémas, — la vieille Turquie dans le Vieux Sérail. Devant eux, sous les grands arbres, il y avait un banc en forme de canapé treillagé et doré sur lequel on étendit un immense drap d'or. Le sultan se plaça debout près de ce banc. Le cheik Ul-Islam s'avança, marcha rapidement vers Abdul-Medjid, s'inclina profondément, pencha sa main vers le sol comme s'il eût ramassé la poussière des pieds de son maître, la ramena à son cœur, à ses lèvres et à son front, et, après avoir recommencé trois fois le même salut, baisa les pieds du sultan. Les ministres, l'un après l'autre, furent admis au même honneur. Abdul-Medjid, impassible, les yeux dans le vague, recevait cet hommage avec l'orgueil convaincu de l'homme dont la race est habituée à fouler des générations sous ses pieds. Quand les ministres eurent tous passé, il s'assit et les autres fonctionnaires ne baisèrent que le bas de son manteau. Le respect et la conviction religieuse relèvent de tels actes d'apparente servilité, et je vis comme une chose naturelle ce baise-pieds quand, l'année précédente, je m'étais presque indigné en voyant à Naples les courtisans de Ferdinand II se précipiter à l'envi sur sa main pour la baiser.

Singulière destinée du voyageur. Il ne fait que passer sur une terre inconnue, il y assiste une heure, perdu dans la foule, aux splendeurs dont la royauté s'entoure et déjà le souverain qu'il a vu tout-puissant a disparu. Aujourd'hui Abdul-Medjid est mort. En Grèce, je n'ai pu voir le roi Othon. Si je retournais à Naples, je n'y rencontrerais ni Ferdinand II, ce roi aux grandes mâchoires, qui avait l'air de manger ses sujets à la croque-au-sel, ni son successeur François II. La mort et l'exil ont fait leur œuvre. Les trônes ressemblent à des hôtelleries où l'on ne s'arrête qu'un jour. Abdul-Medjid est mort bien moins d'épuisement, comme on l'a dit, que de tristesse et d'isolement. Il a succombé à l'incurable ennui de la toute-puissance. C'était une nature fine, distinguée, très-expansive, un peu artiste. Il s'est lentement usé à ce rôle de Dieu qu'il lui fallait jouer, trop grand ou trop petit pour sa taille. Rôle implacable d'ailleurs ! Chercher un serviteur et ne trouver qu'un esclave, désirer un ami et ne rencontrer qu'un croyant, ne marcher que sur des fronts prosternés, s'envelopper de sa majesté froide et n'avoir point d'égal, cela ne convient qu'aux grands hommes qui se croient une mission ou aux petites âmes qui s'enivrent de vanité. Abdul-Medjid était un homme et avait un cœur. C'est ce qui l'a tué, bien plus que l'abus des voluptés faciles dont il ne connaissait que trop depuis longtemps l'amertume et le néant.

25 septembre.

Cette mince presqu'île du Vieux Sérail, ce cap de sombres cyprès qui s'avance dans la mer arrête invinciblement le regard. Constantinople et le Bosphore disparaissent. On n'a plus devant soi que ce Vieux Sérail debout, voilant de calme et de sérénité sa longue histoire de voluptés et de sang. Il attire comme le mystère et l'on devient rêveur en le contemplant. N'est-ce point là que se sont accomplies les destinées de la Turquie avec celles de ses souverains? Mahomet II l'a construit; tous ses successeurs y ont vécu ou y sont morts dans de sombres tragédies de palais. Sélim prisonnier y est devenu l'instituteur de Mahmoud, et Mahmoud y a préparé le massacre des janissaires. L'aspect général est celui d'un camp de Tartares ; des kiosques séparés les uns des autres, en bois peint et doré au milieu de jardins régulièrement dessinés par des alignements de massifs et de haies en buis. C'est par ces jardins que nous sommes entrés ce matin. Les voitures et les chevaux du Sultan étaient venus chercher le Prince et les Princesses et, à peine débarqués à la Corne d'Or, nous avons gravi au galop les pentes escarpées du Vieux Sérail. Les bâtiments principaux occupent en effet le sommet de la colline. Nous les avons visités les uns après les autres. L'un d'eux, splendidement meublé à l'européenne, dominait le Bosphore. L'on apporta aussitôt les chibouques et le café, les sorbets et les confitures. Par les fenêtres ouvertes nous apercevions à nos pieds le Bosphore tout sillonné de navires, et en face, au-delà de Scutari, les cimes neigeuses des montagnes. Les Turcs ont au suprême degré l'instinct des beaux sites, l'intelligence et l'amour de la nature. C'est là le secret de cette vie contemplative qui fait leurs délices mais leur faiblesse. Il n'y a rien de fécond dans cet engourdissement presque voluptueux des sens et de l'âme. L'énergie du corps s'y perd et la pensée, incessamment vague, s'y déshabitue de toute conception virile. C'est dans le far-niente rêveur que s'éteignent les poëtes et les peuples.

L'on va d'un kiosque à l'autre par le jardin rempli de fleurs et par des cours entourées de colonnades ogivales. Parmi les salles qu'on remarque il y en a une circulaire avec un divan, ornée d'arabesques noires et de dorures ; une seconde peinte de grisailles en détrempe, une troisième décorée de paysages. Celle-là, par un caprice sans doute de quelque sultane ennuyée, offre l'assez curieux contraste d'un ameublement français de l'Empire, consoles et fauteuils à pieds de sphynx et gravures enluminées où Poniatowsky passe l'Ellster et où Napoléon, en culotte de casimir blanc et en bas de soie, épouse Marie-Louise, avec la poésie sombre et redoutée des souvenirs qu'éveille le Vieux Sérail. On revient vite d'ailleurs à ces souvenirs. Sur les murs sont des sentences écrites de la main même du sultan Mahmoud II. Dans une petite salle au fond, sur une table, est l'écritoire en or enrichie de diamants de ce même Mahmoud. C'était un sultan lettré auquel le Sérail doit sa bibliothèque. On se rend à cette bibliothèque par un perron à rampe de marbre finement sculpté. La porte de bronze est d'une grande richesse d'ornementation. A l'intérieur, les manuscrits arabes sont rangés dans des casiers de cèdre, et l'on s'étonne de voir, à côté d'eux, tout fraîchement reliés de rouge et dorés sur tranche, les *Contes de Perrault* et le *Don Quichotte* de Gustave Doré. Ce qui surprend aussi, c'est une grande toile s'enroulant autour d'un bâton comme une carte de géographie de collége ou le tableau d'une baraque de la foire, et sur laquelle a été peint un arbre généalogique qui supporte dans des médaillons ovales les portraits de tous les sultans. Ils sont là, naïvement représentés avec des mines rébarbatives, écaillés par plaques, tantôt étendus par terre, lorsque la toile est couchée, tantôt dressés contre le mur, et l'on s'attend presque alors à ce qu'un montreur, du bout de sa baguette, les désigne chacun par son nom : Ceci est le féroce Amurat ; ceci est le grand Mahomet II. De tous ces maîtres terribles il ne reste que ces pauvres petites enluminures. Un spectacle vraiment curieux, c'est le musée des janissaires. Après être descendu sous les voûtes humides de l'ancienne église de Sainte-Irène, construite par Constantin-le-Grand et aujourd'hui transformée en arsenal, et y avoir vu un grand nombre d'armes, sabres, fusils et pistolets rangés avec symétrie, l'on monte par d'étroites allées à une longue galerie à peine éclairée. Là sont rangés sur deux lignes des mannequins figurant les principaux fonctionnaires de la maison du sultan et les officiers et soldats des janissaires dans les costumes divers de cette milice célèbre qui n'était pas astreinte à l'uniforme. L'on ressent au milieu de ces mannequins plus grands que nature, empalés sur leurs supports, inclinés dans des attitudes différentes, coiffés de hauts turbans, les yeux d'un noir foncé, montrant de blanches dents sous de longues barbes, tous raides et sinistrement compassés dans le silence de cette galerie, une impression singulière et froide. Leur immobilité paraît étrange. L'un des groupes représente des janissaires portant leur marmite.

Elle est pendue à un bâton qui s'appuie aux épaules de deux hommes. Lorsqu'ils la renversaient autrefois, c'était le signal de la révolte. On s'imagine par instants qu'ils vont la renverser et qu'aussitôt ces simulacres d'êtres humains qui vous entourent vont se reprendre à une vie effrayante et fantastique. Dans un coin sont le brassard de Tamerlan et le sabre de Mahomet II. Le trésor, où nous allâmes ensuite, nous fut ouvert en présence de vingt-quatre témoins selon l'usage. Et pour leur rendre justice, on ne saurait être l'objet d'une surveillance plus polie et plus scrupuleuse que la leur. Chacun de nous avait à ses côtés deux gardes du corps et des clins d'œil significatifs se télégraphiaient nos moindres gestes. Je ne saurais trop énumérer ce qu'il y a de belles choses sous de grandes vitrines, des hanaps, des armes et des boucliers, le tout incrusté de pierres précieuses. Ce qui m'a le plus frappé, ce sont d'admirables chabraques brodées de perles et de diamants. Elles voient le jour lors de l'avénement du sultan et dans les plus grandes cérémonies de son règne. Tout à côté il y a des pendules à musique avec des soubassements à sujets ciselés où des marionnettes de chevaux et de guerriers traversent un pont, puis des châteaux forts en or crénelés d'argent et des hallebardiers sur les remparts. C'étaient les cadeaux que les souverains d'Europe envoyaient jadis de préférence aux sultans, qui s'en montraient fort enthousiastes.

Après avoir repris notre chemin par les jardins, la dernière salle où nous nous sommes arrêtés est celle du Trône ou le Divan. C'est là que le sultan recevait autrefois les ambassadeurs et que le Grand-Vizir rendait la justice. Elle est haute et sombre. Une fenêtre grillée y donne seule du jour. C'est à cette fenêtre sur laquelle retombait un rideau que se présentaient les ambassadeurs. Le puissant despote auprès duquel ils étaient envoyés ne daignait pas même se laisser voir à eux. Il restait à l'intérieur, couché sur un lit dont les colonnes octogonales, recouvertes d'une feuille d'or et incrustées d'émeraudes et de rubis, s'appuient directement au plafond. Une cheminée en bonnet d'évêque, de cuivre doré avec des nielles élégantes complète, l'ameublement. Le plafond est orné d'arabesques en lapis-lazuli et les murs revêtus de carreaux de fayence formant des figures symétriques comme dans les monuments arabes. Il n'y avait point de rideau à la fenêtre, et je reconnus, en m'approchant de la grille, la première cour du sérail avec ses arbres verts et ses murs blancs où j'avais assisté naguères au baise-pieds d'Abdul-Medjid.

Du Vieux Sérail à Sainte-Sophie on traverse une partie de Stamboul. Les chevaux et les voitures du sultan bondissaient par ces rues étroites et montueuses. A chaque détour, les esclaves qui les escortaient les soulevaient à demi, tout en courant, dans leurs bras vigoureux. La population se rangeait des deux côtés de la rue. Les femmes accouraient aux fenêtres grillées du harem presque toujours situé au premier étage. Les maisons, dont les étages, à partir du rez-de-chaussée, s'avancent les uns sur les autres, se rejoignent presque au-dessus de la voie. Il n'y a ainsi que des pans de ciel bleu entrevus de la rue obscure. Çà et là des places, des marchés, des carrefours, des impasses, tout le dédale d'une ville en bois immense qui s'est bâtie au hasard, que l'incendie dévore chaque fois par grands quartiers et qui se reconstruit de ses débris. De distance en distance, des mosquées, et tout autour d'abord puis serpentant et s'amincissant au travers des rues, des cimetières bordés et emmêlés de cyprès et de sapins.

Sainte-Sophie est la mosquée-reine de Constantinople. D'autres sont d'un art plus achevé et plus pur. Elle l'emporte sur toutes par le grandiose de l'exécution et la grandeur des souvenirs. Entre quatre minarets très-hauts mais très-simples s'élève la grande coupole, soutenue par des murs aux assises alternativement blanches et roses, entourée à sa base d'une couronne de fenêtres à jour et flanquée à l'est et à l'ouest de deux demi-coupoles. A l'intérieur et vue des galeries supérieures où l'on monte d'abord, elle est bien telle que l'imagination l'a rêvée, vaste, silencieuse et profonde. Dans cette immense enceinte, sous cette sombre coupole, l'homme sent, ainsi qu'il convient, sa petitesse et son néant. L'idée de Dieu circule entre les pierres, plane à son aise au-dessus du parvis. C'est bien là que, dans le court espace d'une nuit, deux cultes et deux peuples se sont combattus corps à corps. On se représente bien l'héroïque et infortuné Constantin priant à la lueur des cierges le Dieu de l'Empire et sortant, au milieu des gémissements et des cris, pour aller mourir sur la brèche. C'est bien là qu'apparaît quelques heures plus tard Mahomet le vainqueur, entrant à cheval et montant sur un monceau de cadavres pour imprimer à la muraille les cinq doigts de sa main sanglante comme s'il eût voulu prendre possession de sa conquête au nom du massacre. On voit encore l'empreinte de sa main sur le badigeon jauni. La multitude des lustres, dont les minces tringles de cuivre descendent des voûtes en légers fils dorés, le tapis étendu sur les dalles, la diversité et l'éclat des ornements, les Turcs accroupis, le costume des femmes, les versets du

Coran écrits en lettres d'or sur des fonds bleus ou noirs, le chant ou plutôt le récitatif de l'iman, donnent en outre à Sainte-Sophie une artificielle et colorante beauté qui ne lui messied point. Au fond Dieu n'a point changé de demeure. Il est dans toute sa gloire à Sainte-Sophie sous les sectateurs de Mahomet comme sous les adorateurs du Christ.

Je ne parle pas des autres mosquées d'Eyoub et de Soliman. Ce sont des mosquées. Quatre murs, une coupole au-dessus, des minarets à côté. Quelques-unes servent de sépultures aux sultans. L'on voit, entouré d'une balustrade d'argent, un grand catafalque en velours. C'est celui du sultan. Et près de celui-là quelques autres plus petits. Ce sont ceux de sa mère et des femmes qu'il a le plus aimées. Il y a souvent dans cette salle mortuaire deux ou trois horloges. Elles semblent sonner l'éternité au sultan défunt comme elles lui ont mesuré le temps.

26 septembre.

Je suis monté ce matin à Péra. La ville franque n'a pas changé. C'est toujours cette longue rue bordée de boutiques européennes et de maisons à deux ou trois étages. J'ai revu, à quelque distance les uns des autres, les palais de France, d'Angleterre, d'Autriche et de Russie — belles constructions dans de beaux jardins. Il y a peu de chose à dire de Péra. C'est un quartier mal bâti d'une grande ville de France, seulement à Péra on se repose de la vie turque. On y retrouve ses habitudes, une société polie, un théâtre, des journaux et des livres, des cigares et du vrai café. Je n'ai jamais aimé que médiocrement l'épais breuvage qu'on sert en Turquie, et, si le chibouque me fait parfois plaisir, je déteste le narguilé. — Vers trois heures je suis redescendu de Péra et j'ai été m'embarquer au pont de Galata sur un des petits bateaux à vapeur qui font le service du Bosphore. J'ai voulu faire un pèlerinage à Buyuk-Déré comme à un des plus charmants endroits qui m'aient apparu autrefois. Avant que les escadres, à l'époque de la guerre d'Orient, n'eussent remonté les Dardanelles, l'amiral Hamelin, voulant distraire ses officiers de l'éternelle station de Bessika, leur avait permis d'aller passer quelques jours à Constantinople. Je fus un de ceux qui profitèrent de la permission, et c'est alors que je vis aux fêtes du Beiram le baise-pieds du sultan Abdul Medjid. Après la cérémonie, je ne me sentis que peu tenté par le séjour même de Constantinople. J'avais assez du plaisir et de l'étonnement des yeux. Ce que je désirais, c'étaient des impressions plus personnelles et plus intimes. Je vivais depuis si longtemps de l'existence monotone des rades de Salamine et de Bessika, que je voulais rentrer dans la civilisation et revoir, ne fût-ce que de loin, même sans causer avec elles, quelques-unes de ces séduisantes et élégantes femmes comme je me souvenais qu'il en existait en France. L'on m'avait alors conseillé d'aller à Buyuk-Déré et j'y étais allé.

Buyuk-Déré est en face de la mer Noire sur la côte d'Europe et l'on remonte tout le Bosphore pour y arriver. De quart d'heure en quart d'heure on aborde à quelque village de la côte d'Europe ou de la côte d'Asie. On y dépose dans des maisons de campagne, dans des kiosques, dans des palais, les principaux fonctionnaires turcs, les riches négociants arméniens, européens ou grecs qui, leur journée de service ou d'affaires terminée, fuient jusqu'au lendemain matin le bruit et les soucis de Constantinople. Cela ressemble à nos trains de banlieue, vers quatre heures du soir, pendant les beaux jours de l'été. Le bateau, chargé à sombrer au moment du départ, offre un spectacle animé et joyeux. On cause, on fume, on prend du café. Ce sont des gens heureux qui s'en vont. Quand par hasard il y a des femmes turques, elles sont reléguées à l'arrière et l'on ne s'occupe point d'elles. Le trajet est lui-même une promenade sur un fleuve enchanté. Les maisons des deux rives sont la plupart bâties sur pilotis et les grands arbres qui les ombragent surplombent les eaux. Il n'est pas rare que quelqu'un des nombreux navires qui font voile pour la mer Noire ou la mer de Marmara se couvre de feuillage en longeant le bord. D'un village à l'autre ce sont de belles esplanades où les femmes turques s'assoient en longues files pour prendre le frais. Leurs voiles blancs, leurs grands manteaux de couleur voyante tranchent d'une façon vive sur la verdure du sol. Il y a tout à la fois de légers caïks qui glissent sur les flots et des bandes de marsouins qui bondissent à côté d'eux. C'est leur compagnie qui empêchait Gérard de Nerval d'accepter à dîner à l'ambassade de France dont le palais d'été est à Thérapia. Il craignait qu'au retour — on ne peut le soir revenir qu'en caïk — il ne prît envie à ces compagnons aquatiques de dîner des invités de l'ambassade. A mi-longueur à peu près du Bosphore le canal se resserre et roule avec un courant rapide entre deux rives escarpées. C'est là que se font face les châteaux de Roumili-Hissar sur la côte d'Europe et d'Anadouli-Hissar sur la côte d'Asie. Leur aspect est à peu près le même. Une muraille crénelée part de la rive, gravit les escarpements de la côte et aboutit à trois grosses tours et à quelques autres plus petites. C'est de Roumili-Hissar que pendant deux ans Mahomet II menaça Constantinople avant de se décider à le prendre. C'est à l'endroit compris entre Roumili et Anadouli-Hissar, peut-être un peu au-dessus, là où le courant est moins rapide, qu'avait été jeté le pont sur lequel Darius fit passer l'armée de sept cent mille hommes qu'il conduisait contre les Scythes. Il assistait au défilé, dit l'histoire, sur un trône taillé dans le roc qui porte aujourd'hui le château d'Anadouli. C'est là aussi que le Bosphore fut traversé plus tard par les Dix mille à leur retour d'Asie, par les Croisés et enfin par les Turcs. Ainsi passent, sans laisser de traces, les conquérants et leurs armées. Pour le touriste, ces murailles jaunes, ces fortifications en ruines, font bien dans le paysage. Un peu plus loin, à gauche, est Thérapia, petite anse remplie de navires, bordée de jardins et de villas. Le palais de France, tout en bois et en pisé, n'y est séparé du Bosphore que par un quai étroit. Il est adossé à tout un bois d'arbres centenaires d'une prodigieuse hauteur, incessamment agités par les brises de la mer Noire. A droite, c'est Beïcos. Son golfe n'est semé que de quelques maisons de pêcheurs, mais court au pied de grands rochers, de gorges étroites toutes tapissées de prairies. Après Salamine, après Bessika, c'est à Beïcos que les flottes anglo-françaises se sont trouvées réunies une dernière fois avant d'entrer dans la mer Noire. La mer Noire, en effet, n'est plus qu'à deux pas. Du côté de Beïcos le mont Géant la cache encore, mais vers la côte d'Europe, le Bosphore se perd dans son sein, en s'arrondissant par une courbe gracieuse vers Buyuk-Déré et les îles Cyanées.

Buyuk-Déré est la plus jolie perspective de maisons en bois peint qu'on puisse imaginer. Ces élégantes villas, ornées de balcons, à toits festonnés, flottent dans les premières brumes du soir comme une décoration d'opéra. Je l'ai revu avec un peu d'émotion. Quel charme ont donc les souvenirs de la jeunesse? De quelle grâce printanière ils se dressent plus tard dans la vie! En ce temps-là, au sortir de la monotone existence de Bessika, Buyuk-Déré avec ses maisons de plaisance, sa belle promenade du quai où se croisaient les cavaliers et les équipages, m'apparut comme un lieu de délices. On m'avait recommandé l'hôtel *Lapierre* ou de l'*Empire ottoman*. Je me renseignai sur le bateau à vapeur auprès d'un monsieur qui portait sous le bras un cornet à piston et qui avait l'air d'un artiste. Il y allait lui-même et s'offrit à m'y conduire. Nous débarquâmes et traversâmes le village. L'hôtel se trouve un peu en dehors, à quelques pas de la prairie où l'on montre encore le platane de Godefroy de Bouillon. C'est une grande maison de bois peinte en gris avec un fronton de temple grec soutenu par quatre colonnes. Il y avait à la porte un cheval avec une selle de femme. « C'est le cheval de la comtesse, » me dit mon conducteur. Il y avait donc une comtesse! Il y en avait même deux, l'une italienne et l'autre anglaise. Je les vis bientôt à dîner. La comtesse italienne avait de vingt-huit à trente ans. Elle était brune à en être noire, avec des cheveux plats en bandeaux, des yeux très-vifs sous de beaux sourcils. Je sus qu'elle était poëte. Elle écrivait sous le nom de Grecca da Roma et adressait ses chants patriotiques à Mazzini, à Victor Hugo, à Esquiros. Elle aimait la liberté de passion et était libre comme l'air. L'autre comtesse, tout aussi libre que la première, était d'ailleurs une vraie grande dame, la femme la plus originale et la plus connue après Lady Stanhope, pour sa vie agitée et voyageuse en Orient. Elle avait de trente-huit à quarante ans, le profil noble, le teint rose et blanc, un peu hâlé par le soleil, de beaux cheveux blonds et ondés. Elle était de haute taille avec ce léger embonpoint qui est la prestance des femmes grandes. Ses soixante mille livres de rente couraient le monde avec elle. Elle avait quitté son mari d'Angleterre et s'était acheté en Grèce un mari et un palais qu'elle avait abandonnés à leur tour. Elle retournait alors à Bagdad, auprès d'un cheick arabe dont elle s'était éprise dans un voyage à Palmyre. Elle allait avec lui régner au désert et ne le cachait à personne. Deux ans plus tard, j'appris qu'elle avait reçu d'une des femmes du cheick un coup de poignard dans le dos. Il y a quelques jours on m'a dit qu'elle levait, comme droit de péage, dans les limites où commandait le cheick, des contributions sur les caravanes et les voyageurs. Au fond je n'ai jamais bien su ce qu'elle est devenue.

Il se trouvait aussi à cet hôtel un ancien lieutenant de spahis sénégalais envoyé à Constantinople en mission à demi diplomatique et qui depuis a été nommé consul. C'était un homme de quarante ans, d'une physionomie énergique, qui avait de l'instruction, du laisser-aller et des façons toutes militaires mais séduisantes. Je m'aperçus bientôt qu'il faisait la cour à la comtesse italienne. Il était capable de lui plaire, car les hommes comme lui représentent la force au repos et les femmes ont toujours aimé les lions qui se laissent couper les ongles. Je fis promptement sa connaissance et celle de la comtesse. Le matin nous partions tous les trois à cheval pour la forêt de Belgrade et nous galopions sous de grandes allées ombreuses, par un magnifique soleil qui dorait la nature et les pensées. Nous nous arrêtions, après avoir franchi le grand aqueduc, près du kiosque du sultan, à un petit café turc. La contessina, fière de bien monter à cheval, heureuse des soins que nous lui rendions, animée par la course et les cheveux un peu soulevés par la brise, se transfigurait et était jolie.

Aujourd'hui, ces impressions fugitives, depuis longtemps oubliées, me revenaient avec une vivacité singulière. Je suis descendu du bateau à vapeur et j'ai retrouvé Buyuk-Déré aussi vivant, aussi élégant qu'autrefois. Mais je n'ai revu à l'hôtel Lapierre ni les comtesses ni mon officier de spahis. La saison finissait. Les voyageurs de passage étaient partis. Je me suis senti triste. On ne devrait point revenir aux lieux que l'on a aimés, et pour être heureux, on devrait, à chaque pas qu'on fait dans la vie, boire à longs traits l'eau du Lethé. J'ai couché dans la même chambre qu'autrefois. C'est un hasard, mais j'ai écouté avec un peu de mélancolie le tic tac de la pendule et regardé au-dessus de la cheminée la gravure où Mazeppa, devenu hetman des cosaques, endort, dit naïvement la légende, le roi de Suède Charles XII en lui faisant le récit de ses malheurs.

27 septembre.

Aujourd'hui *le Cacique* a remonté le Bosphore et mouillé à Beïcos. Tout l'équipage, appuyé sur le plat-bord, contemplait avidement le panorama qui se déroulait à ses yeux. Nous avons croisé le caïk du sultan qui revenait des Eaux Douces d'Asie. Ce grand caïk, à vingt paires de rames, blanc et or, avec une guirlande de peintures délicates, surmonté à l'arrière d'un tendelet de velours, est un des derniers vestiges de la splendeur que déployaient les sultans. Avant peu il sera remplacé par une petite chaloupe à vapeur comme celles dont l'escadre se sert. Ce sera plus commode et plus rapide, mais le progrès a le grand tort, au point de vue de l'art, de tout niveler et d'effacer toute originalité chez les peuples. Dans cent ans il y aura à Constantinople des entrepreneurs de fêtes publiques qui dresseront en une nuit, pour le démolir le lendemain, un vieux sérail avec de vieux Turcs coiffés de turbans. On donnera une représentation de la cour de Bajazet avec les costumes consacrés par la tradition de la Comédie-Francaise, comme on ressuscite dans un bal costumé la cour de François Ier et de Louis XIV. Abdul-Asiz, le sultan actuel, était assis à l'arrière de son caïk, sur un trône, avec ses dignitaires à ses pieds. Il avait un manteau à manches et le fez. Ce n'est plus le visage si remarquablement noble d'Abdul-Medjid, mais une figure large, pleine, expressive d'ailleurs et énergique. Le vieux sang des osmanlis, avec le mépris des chrétiens, coule dans ses veines. On raconte qu'à son avènement les ambassadeurs des diverses nations et les étrangers admis à voir la cérémonie dans la maison affectée au corps diplomatique, se haussaient avec curiosité sur la pointe des pieds et se parlaient avec un certain bruit : « Vois ces chrétiens, dit Abdul-Asiz à un de ses familiers, ils s'agitent comme des animaux dans leur loge. » Et un instant après : « Va donc leur dire d'avoir plus de dignité. » Les Turcs ne comprennent point l'activité de nos désirs et de nos besoins. Notre pétulance leur paraît inconvenante et ridicule, et c'est surtout dans l'impassibilité qu'ils placent la grandeur du caractère.

Les matelots, eux aussi, regardaient passer le sultan. L'enviaient-ils? Je ne le crois pas. Ils observaient plutôt la façon dont nageaient ses caïkjis. Il y a chez nos marins un grand fonds d'insouciante philosophie. Que leur importent ces splendeurs qui sont si loin d'eux ? Ils se les rappellent pourtant pour les conter à la veillée quand ils sont de retour dans leur village. Là, leur naïve imagination grandit ces magnificences. Ils ont vu un sultan de velours rouge dans un caïk d'or. Mais dans le cours de leurs campagnes, moins que nous encore, ils se mêlent à la vie des pays qu'ils traversent. Ils est rare que la discipline et le service leur permettent de descendre à terre.

Aussi est-ce du bord qu'ils assistent au changeant spectacle que les contrées diverses offrent, en se succédant, à leurs yeux. J'imagine qu'ils en ont malgré leur résignation quelque regret et quelque tristesse. On en peut juger à leurs excentriques et bruyants plaisirs dans leurs heures de liberté. Ils y dépensent en exagérations folles jusqu'à leur dernier écu. Ils attellent une diligence à huit chevaux pour la faire courir ou achètent une maison pour la voir brûler. Ils reviennent ensuite à la vie de mer, prêts de nouveau, à chaque instant du jour et de la nuit, aux privations, à la fatigue, à l'obéissance, au danger. Pour moi, j'aime de tout mon cœur cette bonne et forte race, et je crois qu'un des plus vifs attraits de notre carrière est de pouvoir se consacrer à son instruction, à son organisation, à son bien-être. Je ne méconnais point l'importance des questions spéciales, mais j'estime qu'il y aura toujours assez d'officiers que leurs aptitudes et leur goût porteront à étudier les problèmes de la navigation ou de l'artillerie. Le véritable problème est de tirer d'un équipage, au moment du péril, tout ce qu'il a d'énergie dans les muscles et de vaillance dans le cœur. Le dirai-je aussi ! à mesure qu'on avance dans la vie et qu'il faut renoncer plus ou moins aux joies comme aux plaisirs de la jeunesse, il me semble qu'il y a une véritable et profonde jouissance à faire naître autour de soi la sympathie et le dévouement, à se lier d'une étroite communauté de cœur avec ces hommes qui risquent leur vie au moindre signe de leur chef. Cette affection collective, quand on se l'est conquise, n'est point seulement un levier puissant d'ambition. Elle est encore la compensation noble et large des tendresses perdues de l'amour des femmes.

28 septembre.

L'Ajaccio est venu ce matin prendre le Prince et les Princesses pour les mener dans la mer Noire. Il faisait, pour la voir dans sa poésie sombre, un admirable temps. Des grains de pluie et de vent la couvraient de bruit et d'écume. C'était bien là le — *mare nero terribilisimo* — dont les capitaines au long cours nous entretenaient autrefois dans les soirées d'hiver de l'hôtel *Lapierre*. Avec un de mes camarades qui a fait toute la campagne de Crimée, nous avons parlé du passé. Nous nous sommes raconté, en témoins oculaires, pleins encore des impressions qu'ils ont ressenties, cette épopée intime de l'escadre qu'un historien officiel ne saurait écrire.

30 septembre.

Aujourd'hui vendredi nous sommes retournés à Constantinople pour voir le sultan qui se rendait à la mosquée. Les voitures et les chevaux de la cour nous attendaient. Nous avons refait dans les rues tortueuses qui grimpent et descendent, dépavées par endroits, creusées çà et là d'ornières profondes, la même course insensée que dimanche dernier. Ah! les braves chevaux et les bonnes voitures, comme ils savent leur métier! Nous nous sommes arrêtés à un palais qui appartient à un pacha. Ce mélange de luxe et de misère, si remarquable en Turquie, nous a frappés là plus que partout ailleurs. A côté de meubles magnifiques, il y avait des portières d'indienne toutes déchirées, des fresques délicatement peintes au plafond et des planches disjointes au parquet. En attendant que le sultan passât, les Princesses nous ont parlé de la visite qu'elles ont faite hier au sérail. La vie du sérail n'est point triste. Les femmes, dans une oisiveté qui leur plaît, s'occupent de toilette, y mangent des confitures et fument des narguilés. Elles vont au bain et à la promenade... Leur plaisir, lorsque quelque étrangère les visite, est de lui faire essayer leurs costumes, de la parer de leurs perles et de leurs diamants. Elles en ont à profusion dans des cassettes de cèdre ou de bois des îles. Malheureusement, ces actes extérieurs de la vie sont tout ce qu'on rapporte de semblables visites. Le cérémonial y règne et la confiance qui pourrait initier aux détails intimes de la vie ne s'établit pas en quelques heures. Quel singulier échange d'idées, d'aperçus, d'impressions se ferait entre une femme à la mode de Paris, élégante et coquette, et une sultane favorite mêlée à toutes les intrigues du palais et de la politique. Quel étonnement elles auraient l'une de l'autre! Et quelle controverse sur la liberté des femmes! Est-il plus difficile de régner sur un seul homme, au milieu de rivales, dans le silence du harem, que de conserver dans le tourbillon du monde sa cour d'adorateurs et de sigisbés? Au prix de quels efforts et de quelles complaisances, de quelle persévérance et de quelle habileté peut s'obtenir et se garder cet empire de la beauté et de l'amour dans des conditions si différentes? Les deux femmes, après se l'être confié, souriraient sans doute lorsqu'elles verraient qu'en France comme en Turquie elles sont également esclaves de nos caprices et des leurs.

Cependant la garde impériale avait formé la haie des deux côtés de la rue. Le sultan allait passer. Cette garde impériale se compose de très-beaux zouaves. On en confondrait le plus grand nombre avec les nôtres. Et, de fait, on m'a dit que la plupart des instructeurs étaient d'anciens soldats français. Les tambours battirent aux champs. La musique se mit à jouer. Le sultan parut. Son cortége était magnifique. C'étaient, sur deux longues lignes et dans leurs costumes nationaux, des cavaliers des diverses provinces tributaires de l'Empire; au milieu le sultan sur un cheval caparaçonné d'argent. Abdul-Asiz portait le fez; un caban, un pantalon de casimir blanc et des bottes vernies. Il tint longtemps, en signe d'hommage et de courtoisie, ses regards fixés sur la fenêtre où étaient les Princesses.

La promenade s'est terminée par une visite aux derviches tourneurs. C'est moins une cérémonie religieuse qu'un spectacle. La scène se passe dans un large pavillon octogone garni de tribunes que soutiennent d'élégantes colonnettes. En bas il y a une estrade entourée d'une balustrade à huit pans finement découpée; au-delà sont les spectateurs ou les dévots. Le parquet de cette estrade est ciré avec soin comme celui d'une salle de danse. Les derviches arrivent en grande houppelande et en bonnet pointu. Leur chef, un petit vieillard à l'œil vif, à la barbe blanche, s'assied sur des coussins, et les derviches, faisant le tour de l'estrade, défilent trois fois processionnellement devant lui. Pendant ce temps joue un orchestre à peu près composé comme celui de la Bita d'Alger. C'est une mesure de valse, lente, cadencée, voluptueuse, avec de longs soupirs et des reprises précipitées. Après la procession, les derviches quittent leur houppelande et ne sont plus vêtus que d'une chemise et d'amples jupons semblables à une fustanelle. Ils commencent à tourner lentement d'abord, puis plus vite; les bras étendus pour s'entraîner, les yeux à demi fermés, le visage pâle et dans une légère extase. Il y a quelque chose de vertigineux dans cette valse qui ne finit plus et à laquelle on s'associe malgré soi par je ne sais quel étourdissement de la pensée et des sens. On est tenté de descendre et de prendre place à cette ronde fantastique. De temps à autre ils s'arrêtent, s'essuient le front, s'inclinent devant leur chef et recommencent. Toutefois ce sont d'intrépides valseurs plutôt que des extatiques. Il en est ainsi du moins dans ces séances ordinaires. Peut-être dans quelques cas particuliers, lorsqu'il s'agit de frapper vivement l'esprit des spectateurs, s'abandonnent-ils davantage au vertige nerveux qui doit les faire délirer et prophétiser. — C'est Dieu qui leur donne la force de tourner ainsi, nous dit le chef des derviches qui avait témoigné aux Princesses le désir d'être reçu par elles. —

Oui, Dieu et l'habitude. Les derviches tourneurs, comme les hurleurs, ne sont qu'une variété de convulsionnaires. Les prétendus miracles qu'ils opèrent et auxquels ajoute foi la crédulité publique, ne sont que des phénomènes cérébraux dus à l'extase nerveuse où ils se plongent. Il n'y a de vrais miracles — et, par ce temps de médiums, il est bon de le rappeler — que ceux qui n'ont pas besoin d'une préparation physique quelconque. La Genèse nous montre Adam se promenant dans le paradis terrestre, Dieu l'appelle : — Adam, où es-tu? — Me voici, Seigneur, répond Adam. Cela est simple et naturel. C'est un vrai miracle. Mais lorsque, pour converser avec Dieu, il faut se regarder le bout du nez ou le nombril pendant des heures entières, tourner ou hurler jusqu'à l'épuisement de ses forces ou s'asseoir devant une feuille de papier avec un crayon à la main, je ne crois plus qu'à la vie automatique du cerveau ou au délire de l'intelligence.

SOUVENIRS MARITIMES

DE LA

GUERRE D'ORIENT

SOUVENIRS MARITIMES

DE LA

GUERRE D'ORIENT

Avant que la marine de guerre fût appelée à jouer un rôle actif dans la mer Noire, elle devait se résigner à une longue attente. Cette attente, sorte de préface au drame qui se déroula plus tard, dura un an, depuis le 23 mars 1853, jour où l'escadre de la Méditerranée appareilla de France, jusqu'au 24 mars 1854, jour où elle entra définitivement dans la mer Noire. Ce fut une période de patience et d'ennui, dont il est difficile, à qui ne l'a pas traversée, de se faire une idée, et aucun des officiers n'oubliera jamais les longues journées passées dans les rades de Salamine et de Bessika. A Bessika surtout il semblait qu'on fût à jamais enchaîné sur cette mer bleue aux eaux calmes, sous ce ciel splendide, terminé par les horizons de la molle Ionie. Chaque courrier annonçait de nouvelles complications et de nouvelles conférences destinées à dénouer ces complications. Suivant qu'un vapeur entrait dans les Dardanelles ou en sortait, la pensée de chacun se portait vers Constantinople, qui était l'avenir, ou vers la France, que ce présent monotone faisait regretter davantage encore. L'escadre anglaise était à côté de la nôtre. Pendant quelques jours elle fut un objet d'étude et de curiosité. C'était là en effet une de ces occasions si rares où les marines rivales de deux grands peuples, en présence l'une de l'autre, sans passions qui les entraînent, peuvent s'observer et se juger d'une façon calme et impartiale. Bien qu'il soit toujours étrange de faire son propre éloge, nous devons dire que la comparaison ne nous fut pas trop défavorable. Parfois, en effet, les mêmes exercices, aux mêmes heures, conviaient les équipages anglais et français à une lutte de vitesse et d'habileté. Nous pouvions alors constater que nos matelots, par la précision et la rapidité des manœuvres, avaient une réelle supériorité sur leurs émules. Cette recherche d'une exquise propreté qui est le luxe du marin, n'était pas non plus la même sur ces vaisseaux anglais que sur les nôtres. Quelques relations de politesse, mais rares, telles que des dîners ou des représentations théâtrales, données par les matelots de quelque bâtiment, nous réunissaient d'ailleurs à nos alliés. C'étaient là les seules distractions des deux escadres et pendant trois mois cette ville flottante de vingt mille hommes, à bord de ces vaisseaux si majestueux et si nettement dessinés, sembla dormir sous les rayons implacables d'un ardent soleil.

Notre escadre ne dormait point cependant. Les excellentes traditions de service léguées par l'amiral de La Susse subsistaient toutes ; chaque jour les exercices ordinaires étaient faits avec une ponctualité scrupuleuse et, loin des distractions de la terre, l'instruction des équipages était poussée avec rapidité. Il s'établissait de plus entre eux et leurs officiers cette intimité et cette confiance réciproques qui n'existent presque jamais en temps de paix où les congés périodiques des hommes et les débarquements successifs des officiers ne font des vaisseaux, pour les premiers que des casernes, et pour les seconds que de grandes hôtelleries flottantes. Les officiers, entre eux, s'unirent dans une longue camaraderie et dans une communauté de désirs et d'espérances qu'ils n'avaient jamais connues à ce point. Cette escadre de 1853 était la plus belle que nous eussions possédée depuis longtemps.

A la fin de l'été cependant elle put entrevoir le terme de sa longue station. Le 23 septembre, le capitaine de vaisseau Rigault de Genouilly arrive précipitamment de Constantinople où il avait été envoyé en mission. Il apprend à l'amiral Hamelin qu'une grande fermentation règne parmi les Turcs, que les fêtes du Beiram qui vont se célébrer peuvent devenir une occasion de désordre et le prétexte d'un mouvement des fanatiques musulmans contre les chrétiens. Il lui fait part des craintes des ambassadeurs qui, pour prévenir toute agitation et protéger les nationaux, jugent indispensable la présence de quelques bâtiments dans le Bosphore. Les deux amiraux expédient alors de concert quatre frégates à vapeur au nombre desquelles est *le Gomer*, monté par le contre-amiral Le Barbié de Tinan.

Cette date est intéressante parce que Constantinople avait alors un cachet d'originalité qu'elle devait perdre bientôt, quand le passage des armées alliées et d'une multitude d'employés de tous genres en fit une ville banale et une sorte de grand caravansérail. Les fêtes du Beiram en rendaient le spectacle plus curieux encore. La ville entière avait été mise en rumeur par cette grande cérémonie, et une certaine appréhension mystérieuse, habilement ménagée peut-être, planait sur elle. Les officiers des frégates, ceux du *Sané*, en station depuis quelque temps à Constantinople, et du *Friedland*, alors en réparation dans un des bassins du port, étaient l'objet de regards hostiles lorsqu'ils passaient dans les rues. Les eunuques les écartaient des voitures où se trouvaient les femmes turques et celles-ci ramenaient avec plus de soin leur voile sur leur visage. Leur présence, enfin, dans la mosquée de Sainte-Sophie, semblait une profanation aux fidèles qui les accueillaient avec des murmures et des menaces. Cependant les fêtes du Beiram, comme je l'ai dit plus haut, se passèrent sans encombre, et le sultan qui devait, disait-on, être assassiné par les Ulémas, accomplit paisiblement les cérémonies usitées.

Le 17 octobre, l'escadre reçut enfin l'ordre d'aller mouiller dans le Bosphore où elle jeta l'ancre quelques jours plus tard. On n'était plus qu'à six milles de la mer Noire. L'escadre, qui fut réunie tout entière à Beïcos le 14 novembre, couvrait désormais Constantinople contre toutes les chances d'une invasion maritime. La crainte qu'on avait pu concevoir d'un pareil danger n'était pas chimérique. Si les Russes avaient pris le parti, avant l'arrivée des escadres, d'exécuter contre Constantinople le coup d'audace qu'ils tentèrent quelque temps après contre Sinope, ils eussent probablement réussi. Une flotte russe, bravant le feu des batteries turques, qu'elle n'aurait eu d'ailleurs à essuyer que pendant quelques minutes d'un rapide défilé, pouvait facilement débarquer trente à quarante mille hommes sur un point favorable de la côte d'Europe ; puis cette armée, appuyée sur ses vaisseaux, prenait position sur les hauteurs sans défense qui dominent la ville, pendant que la marine russe, balayant le Bosphore, serait venue forcer l'entrée de la Corne d'Or et couvrir le vieux Stamboul de ses obus. C'était donc une sage mesure que de faire entrer les flottes dans le Bosphore. Mais elle rencontra, dans son exécution, puelques difficultés auxquelles on était loin de s'attendre. L'on croyait généralement en France et même jusqu'à un certain point sur l'escadre, que l'on pourrait aller en vingt-quatre ou trente-six heures de Bessika à Constantinople. Le trajet dura plus de dix jours. De fortes brises contraires, des courants rapides arrêtèrent les bâtiments remorqués de mouillage en mouillage. *Le Napoléon*, cependant, et *le Mogador*, montrèrent une remarquable puissance de traction. Sans leur secours, on n'eût point obtenu le résultat relativement favorable auquel on parvint. On put reconnaître alors l'opportunité de la transformation qui s'accomplit aujourd'hui avec tant de rapidité, remplaçant nos bâtiments à voiles par des bâtiments à vapeur ; et l'on peut dire que la dernière guerre a hâté de vingt ans l'ère d'une nouvelle marine.

Les exercices se continuaient avec leur régularité ordinaire, et les distractions de Constantinople, ainsi que le mouvant panorama du Bosphore, délassaient les officiers et les équipages de la longue monotonie et de l'ennui des rades de Salamine et de Bessika, quand arriva tout à coup la nouvelle du désastre de Sinope. L'entrée des flottes dans la mer Noire fut décidée. Cette résolution causa une véritable joie. Cependant le mauvais temps retarda notre départ de deux jours encore. Enfin, le 4 janvier 1854, l'escadre put déboucher dans la mer Noire et, le 6, elle mouillait à Sinope.

On pensait avec raison que la guerre ne serait point immédiate. Le principal intérêt de la sortie consistait donc dans la navigation sur une mer inconnue. On désirait en outre savoir au juste ce qu'il y avait de véritable dans les récits que l'on faisait de tous côtés sur le désastre de Sinope. Ces récits l'avaient fort exagéré. S'il était triste de ne plus apercevoir au-dessus de l'eau que les mâts de cette escadre qui flottait encore quelques jours auparavant, si, à l'approche de la guerre, on se sentait pris d'une douloureuse pitié en voyant sur la plage ces pauvres cadavres mal enterrés dont les membres perçaient çà et là le sable, la ruine de la ville elle-même était beaucoup plus apparente que réelle. Une ville turque n'est pas une ville française, et l'incendie n'avait dévoré que des maisons en bois à un étage et le plus souvent de simples cabanes. Les habitants n'avaient presque rien perdu. Au premier coup de canon ils étaient sortis de chez eux, emportant leur mobilier et ce qu'ils avaient de plus précieux. La chose était facile : l'ameublement d'une maison turque se composant le plus souvent d'un coffre où sont renfermés les vêtements, de quelques chibouques et de quelques armes ; ils avaient roulé le coffre, les chibouques et les armes ; dans le tapis et étaient allés s'installer quelques pas plus loin. Nous les trouvâmes ainsi à notre arrivée, fumant avec insouciance, les jambes croisées et le regard placide.

L'escadre, partie le 4 janvier, rentrait le 22 dans le Bosphore. Un admirable temps avait favorisé sa sortie. Elle rentrait toutefois avec la fâcheuse prévision que son rôle actif se bornerait à fort peu de chose dans la mer Noire. Lord Drummond, le commandant de la frégate à vapeur anglaise *la Rétribution,* dans une mission accomplie avec hardiesse dans la rade même de Sébastopol, avait reconnu que cette ville était imprenable par mer. On sentait également que la flotte russe, très-inférieure en nombre et n'ayantpoint de vaisseaux à hélice, ne se hasarderait point contre les flottes alliées. On comprenait d'ailleurs que dans cette détermination de nos ennemis de rester à l'abri de leurs murailles et de leurs canons, il y avait non de la timidité mais de la sagesse. Il fallait donc attendre encore. Les vaisseaux s'y résignaient assez facilement dans leurs quartiers d'hiver du Bosphore. Quant aux vapeurs, ils étaient moins heureux. Ils avaient, en effet, la mission d'escorter les bâtiments turcs qui ravitaillaient certains ports et de pousser des reconnaissances soit sur la côte d'Asie, soit devant Sébastopol. La mer Noire, si clémente pour l'escadre, était fort rude à leur égard. Ils souffraient d'un froid très-vif, étaient chargés de grains violents, fatiguaient dans une mer furieuse et, si quelquefois ils apercevaient un bâtiment de guerre russe et espéraient le combattre, leur espoir était bien vite déçu. La voile russe ne tardait pas à disparaître pour aller se réfugier dans le port de Sébastopol. Ils devaient, un mois plus tard et comme compensation, aller seuls au feu lors du bombardement d'Odessa et avoir l'honneur de tirer les premiers coups de canon de la guerre.

L'escadre rentra dans la mer Noire le 24 mars. Après quelques jours passés à Kavarña, elle alla mouiller à Balthick. Après le bombardement d'Odessa, qui eut lieu le 16 avril, elle retourna à Balthick et le quitta bientôt pour croiser devant Sébastopol. La croisière du mois de mai, que l'on appela la croisière des brumes et qui fut une véritable prise de possession de la mer Noire, fit honneur à notre marine. Les bâtiments, le plus ordinairement en panne ou sous petite voilure, s'avertissaient par des coups de canon, par des feux, par des sonneries de clairon, même à la voix, car, le plus souvent, ils n'étaient qu'à quelques mètres les uns des autres et ne se voyaient pas. Deux escadres alliées, formant un total de dix-neuf vaisseaux, voyagèrent ainsi de concert au milieu de brumes épaisses, sans faire aucune avarie, sans aucun accident de mer, aucune séparation. Ce résultat était pour notre escadre la récompense de sa parfaite homogénéité, de la confiance réciproque des officiers et des matelots, et l'amiral de La Susse dut être fier dans sa retraite de cet instrument si intelligent et si docile qu'il avait en partie façonné et qu'il avait remis entre les mains de son successeur. Les dispositions des équipages étaient excellentes. Habitués désormais à la patience, ils ne se préoccupaient plus des événements et semblaient attendre que le voile de l'avenir se déchirât pour eux comme ce voile de brume qui les enveloppait.

Ce moment allait arriver, car le 30 juin l'escadre de l'Océan, commandée par l'amiral Bruat, vint se ranger sous les ordres de l'amiral Hamelin. Dès lors le rôle de l'escadre de la Méditerranée, qui avait eu la longue attente et les longs ennuis, fut terminé, et le rôle de la grande escadre de la mer Noire dut commencer.

Le premier ennemi que la marine eut à combattre fut le choléra. Le 9 juillet il éclatait dans les hôpitaux de Varna, et le 13 *le Primauguet* apportait à Balthick cet ennemi mortel. Ce fut après avoir débarqué à Varna des troupes passagères atteintes par l'épidémie, que ce bâtiment vit les premiers symptômes se déclarer dans son équipage. Le choléra dura ainsi deux mois, jusqu'au 14 septembre, après avoir atteint, du 8 au 20 août, sa plus grande période d'intensité. Dans les premiers jours, cependant, il ne faisait que de rares victimes. Il semblait planer dans l'air et chercher sur quel bâtiment il s'abattrait de préférence. On avait mis *le Primauguet* en quarantaine et l'on espérait que cette mesure suffirait pour combattre le fléau. Les vaisseaux n'avaient encore fait aucune perte. Un matin, à bord de l'un d'eux ce mot terrible de choléra est prononcé tout bas : un cas vient de se déclarer ; le soir, sur ce vaisseau, trois cents hommes étaient atteints. A bord des autres navires, quand les officiers entraient dans le carré pour déjeuner, ils s'interrogeaient les uns les autres et attendaient ensuite le docteur : Rien encore, disait celui-ci. Puis le lendemain, le surlendemain la maladie faisait son apparition à bord. Elle arrivait capricieuse, inattendue, et, à ses débuts, inexorable. Parfois c'était pendant le calme d'une belle nuit d'été que l'officier de quart entendait tout à coup des gémissements ; il croyait un des hommes qui dormaient sur le pont en proie au cauchemar et s'approchait de lui pour le réveiller. Il trouvait un matelot qui se roulait. « Qu'avez-vous? — Je ne sais pas ; je souffre. — D'où? — De partout, j'ai des crampes, des coliques. » C'est à bord du *Henri IV* que le fait se passa. L'équipage, qui s'était endormi en bonne santé, se réveilla atteint le lendemain. Un officier rencontre un jour à terre un élève du vaisseau *le Marengo* en corvée de chaloupe. « Hé bien, lui dit-il, comment va votre vaisseau? — Très-bien, répond l'élève, nous n'avons pas encore eu un seul cas.—Monsieur, dit au même moment un matelot à l'élève, nous avons un chaloupier qui vient de tomber, on dirait qu'il est pris du choléra. Renvoyez-le à bord dans le youyou (petite embarcation qui accompagnait la chaloupe). » Le patron de la chaloupe arrive à son tour : « Monsieur, voilà un des youyoutiers qui vient de tomber. » L'élève va alors à sa chaloupe; un troisième homme tombait. Il se décida à retourner à bord. Au moment où il poussait de terre, un quatrième laissait échapper son aviron et roulait au fond de l'embarcation. Au bout de deux heures, le même élève revient à terre et retrouve l'officier qui l'avait interrogé. « Hé bien? lui dit celui-ci. — Hé bien! nous avons cent hommes couchés dans la batterie et il en tombe à chaque instant. »

On mettait un drap au fond de la chaloupe, on arrimait les morts au-dessus les uns des autres, on conduisait ce chargement à terre et on le déposait dans un grand trou. L'aumônier donnait sa bénédiction et tout était dit. Cependant on se fait à toutes les émotions; on était grave en face de tant de malheur, on n'était ni triste ni abattu. Les malades eux-mêmes semblaient résignés, et, quand ils ne se tordaient pas sous la souffrance, ils mouraient doucement, rêveurs, pensifs, comme meurent les soldats et les marins, — en petits enfants. Les chirurgiens et les aumôniers firent leur devoir, noblement et simplement. Ils combattirent la maladie pied à pied, et plusieurs tombèrent frappés par elle. M. l'abbé Coquereau, aumônier en chef de la marine, écrivit aux aumôniers de l'escadre une belle lettre où il les félicitait de leur courage et de leur dévouement. Il leur donnait en même temps ses instructions, et, dans ces instructions, empreintes des sentiments les plus élevés et qui devaient, en toute occasion, leur servir de guide et de préceptes, il marquait à chacun avec une paternelle affection sa ligne de conduite.

Les chirurgiens furent appelés en conseil et les avis furent partagés. Le gros de l'escadre prit la mer et croisa sous petites voiles en face de Kalagria. *Le Valmy* changea de mouillage et alla faire un cimetière à Kavarna. La distraction était assez bizarre, mais nécessitée par les circonstances. *Le Jean-Bart* fit une immense tente à terre et y débarqua son hôpital. *Le Henri IV* resta à Balthick.

Lorsque les escadres revinrent au mouillage le 17 août, *le Montebello* avait perdu 200 hommes, *la Ville-de-Paris* 160, *le Valmy* 110, *le Marengo* 100 et un de ses officiers, M. Saglio; *le Jean-Bart* 60, *le Henri IV* de 15 à 20, et les autres vaisseaux de 10 à 50. Parmi les vaisseaux anglais qui furent frappés après les nôtres, *le Britannia* jeta 100 hommes à la mer en vingt-quatre heures.

Pendant la période de décroissance du choléra et lorsque les amiraux et les généraux concertaient, dans plusieurs conférences consécutives, les dispositions d'un débarquement en Crimée, les distractions de l'escadre étaient de descendre à terre et de visiter les camps. La plus grande intimité s'établit bientôt entre les soldats et les marins. Ces hommes, qui différaient d'allures et d'habitudes, se ressemblaient par la rudesse naïve, la candeur des impressions, la franchise et la spontanéité d'instinct. Ils s'unissaient d'ailleurs par la solidarité des fatigues et des dangers. L'armée et la flotte avaient sans cesse les regards tournés l'une vers l'autre. Pour la marine, l'armée était la France guerrière qui avait quitté ses foyers et était venue la rejoindre dans ces lointains climats; pour l'armée, la marine était l'image de la patrie, toujours présente, toujours secourable. Pour toutes deux elles étaient réciproquement la vie, l'espérance, le souvenir. Que de fois, appuyés sur les bastingages pendant les belles nuits d'été, les officiers de quart ont écouté avec une douce mélancolie les valses joyeuses que jouait, sur les hauteurs de Balthick ou de Kustendjé, la musique des régiments.

L'expédition de Crimée fut enfin résolue et, le 14 septembre 1854, le débarquement de l'armée française avait lieu à Old-Fort. Pendant que ce débarquement s'accomplissait avec une précision et une rapidité remarquables, d'après un plan conçu par l'miral Bouet, les officiers et les matelots qui n'étaient point employés à l'exécuter, contemplaient des bastingages, de la dunette et des hunes de leurs navires un magnifique spectacle. Les chalands et les canots, abordant à la plage, semblaient semer des soldats sur cette terre où le drapeau français flottait pour la première fois. Ils se levaient tout armés, superbes de vigueur, de joie et d'élan. La plaine en fut bientôt couverte. On les entendait pousser de grands cris, on les voyait se reconnaître et se grouper par divisions et par régiments aux points de ralliement qui leur avaient été indiqués d'avance. Puis, lorsqu'on dépassait du regard cette foule bariolée et mouvante, on apercevait pour horizon des montagnes dont le sommet s'enveloppait de brume et au-delà desquelles l'imagination pouvait rêver l'armée russe immobile encore et silencieuse. — C'était beau à l'œil et grand au cœur. — Quelques jours plus tard, la flotte, groupée cette fois tout entière sur ses vaisseaux, assistait à la bataille de l'Alma. Elle devinait plutôt quelle ne suivait la marche et les progrès de nos soldats dans cette plaine que couvrait la fumée et que les feux rouges de la fusillade illuminaient par endroits, comme les éclairs qui sillonnent un ciel d'orage. Ce spectacle était encore grand pour le cœur, mais il le serrait d'une émotion douloureuse. A l'Alma, comme plus tard au mois de juin et au 8 septembre, quand nos batteries se turent et que l'armée monta à l'assaut, il faut avoir ressenti soi-même, pour le comprendre, ce sanglot de colère, de courage et d'impuissance qui monte de la poitrine à la gorge comme un jet de flamme et met des larmes dans les yeux. Tous éprouvaient l'amère souffrance d'être enchaînés loin du combat et d'en rester les inutiles spectateurs.

Les marins cependant allaient prendre bientôt leur part de la guerre au bombardement du 17 octobre. Lorsque l'amiral eut signalé ces simples mots : La France vous regarde! et peu après : Mouiller suivant le plan donné, tous les vaisseaux allèrent successivement occuper leurs postes et commencèrent leur feu auquel les forts russes répondirent. Pendant la première heure, une grêle d'obus et de boulets couvrit littéralement la mer. De temps en temps un bruit sec se faisait entendre : C'était un boulet qui entrait dans la membrure d'un vaisseau. Ce formidable combat d'artillerie s'accomplissait d'ailleurs avec la régularité d'un exercice. Par intervalles, un roulement de tambour interrompait le feu pendant dix minutes ; cette courte suspension permettait de ménager les munitions et de rectifier le pointage. Alors on apercevait confusément, au travers de la fumée, les forts de Sébastopol en face de soi, puis, sur cette masse blanche, une ligne noire qui s'illuminait tout à coup; c'était la batterie sur laquelle on devait tirer qui envoyait sa bordée. A six heures du soir les vaisseaux reçurent l'ordre de reprendre leur mouillage du matin. Quand on se retrouva à dîner quelques instants plus tard, malgré la vigueur de l'action et le succès relatif qu'on avait obtenu, il y eut parmi les officiers une impression de tristesse. Les pertes, sans être nombreuses, étaient doublement regrettables puisqu'elles étaient inutiles. On avait espéré mieux et l'événement n'avait pas répondu à l'attente. On avait presque le regret de ne s'être point approché davantage pour saisir l'ennemi corps à corps. Quelques esprits, injustes dans leurs chagrins, semblaient accuser l'escadre anglaise d'avoir été plus épargnée que la nôtre. Elle était venue au feu un peu plus tard et s'était tenue plus loin. Certes, ce n'était point le courage de nos alliés que l'on suspectait, mais on croyait apercevoir chez eux cette arrière-pensée funeste à toute entreprise commune, qui fait que l'on rêve avec un naïf et involontaire égoïsme la gloire pour soi-même et les désastres, s'ils doivent arriver, pour les alliés. On voyait enfin que l'attaque n'avait point été décisive et un douloureux pressentiment avertissait les cœurs que cette journée de combat ne recommencerait pas et que la marine allait reprendre le rôle de noble mais obscure abnégation auquel les événements de la guerre l'avaient jusqu'alors condamnée.

L'escadre toutefois allait avoir à livrer contre les éléments sa terrible bataille du 14 novembre. Depuis quelques jours déjà le danger était prévu. Les amiraux avaient communiqué aux généraux un projet par lequel les escadres devaient hiverner loin de ces redoutables parages. Le 14, le contre-amiral Bouët, qui avait été se concerter à ce sujet avec le général Canrobert, revenait de Kamiesh sur le *Primauguet*. Le temps, déjà mauvais, ne lui permit pas de se rendre à bord de *la Ville de Paris ;* mais il passa derrière la poupe de l'amiral et écrivit en grandes lettres à la craie, sur un tableau noir : *Plan approuvé*. Il était trop tard ; la tempête rendait inutile cette approbation. Depuis le matin le ciel était bas, chargé de gros nuages et traversé dans le sud-ouest et dans l'ouest de larges bandes noires. La brise, tantôt calme, tantôt se précipitant par rafales, semblait s'essayer à la lutte. Les vaisseaux firent alors leurs préparatifs. Les ancres de veille furent mouillées, les basses vergues furent amenées sur les portelofs, les mâts de hune dépassés, afin que la mâture offrît au vent le moins de surface possible. Les bâtiments à vapeur allumèrent leurs feux pour marcher en avant au besoin et soulager l'effort de leurs ancres. L'amarrage des canons fut doublé dans les batteries et consolidé par un grelin qui passait sous le bouton de culasse de chaque pièce. Pendant ces préparatifs la tempête avait grandi; avant même qu'on les eût terminés elle était dans toute sa force. Le duel entre la résistance intelligente de l'escadre et l'aveugle fureur des éléments avait commencé. Des grains furieux s'abattaient, en se succédant, sur la rade. Il s'y mêlait des douches de pluie et des poignées de grêlons gros comme des noisettes. Aucun commandement de vive voix n'eût été possible. A un pas de distance la voix était emportée par la brise avant qu'elle pût arriver à l'oreille. La mer, amoncelée au large, arrivait en lames énormes. Chacune de ces lames soulevait les vaisseaux dont l'avant partageait péniblement cette masse d'eau. Les chaînes se raidissaient alors comme des barres de fer, menaçant de briser leurs étrangloirs, leurs bittes et leurs bosses, faisant jaillir de leurs écubiers, dont elles raguaient les bords, des gerbes d'étincelles et une poussière de fer. Elles retombaient ensuite lourdement et l'on avait un instant de trêve. Les vaisseaux s'enfonçaient si profondément dans le sillon des lames, que du couronnement on apercevait l'horizon à la hauteur de la hune de misaine. Les commandants, enveloppés dans leurs manteaux, appuyés sur la balustrade de la dunette, résignés et calmes, attendaient le résultat de la lutte et en épiaient les phases diverses. Les officiers faisaient dans le navire des rondes de sûreté, puis montaient par intervalles sur le pont comme au combat du 17 octobre, pour voir où en était la bataille. L'officier de la batterie basse, chargé de la manœuvre des ancres, regardait tantôt avec anxiété, tantôt avec espoir, les chaînes se raidir et retomber. L'équipage, réuni par groupes, n'ayant plus rien à faire, s'abritait du vent en s'adossant aux murailles du navire et attendait. Attendre est le mot et le secret de pareilles journées! Parfois, sur l'un des bâtiments en rade, une chaîne se cassait, puis une autre, puis une dernière. Les lourds trois-mâts marchands dérivaient alors avec les lames et menaçaient de tomber sur les autres navires qui résistaient encore, ou sur les vaisseaux de guerre. On évitait leur choc, les vaisseaux à voiles, en bordant un foc ou un artimon; les bâtiments à vapeur, en marchant en avant et en lançant d'un bord ou de l'autre. La masse noire du navire en perdition filait le long de leurs flancs et disparaissait voilée par la brume.

Un des épisodes les plus émouvants de cette journée fut l'abordage du *Bayard* et du *Jupiter*. Déjà le

Jupiter avait broyé ses embarcations de l'arrière contre le beaupré du *Bayard*. Quelques minutes plus tard, et les deux vaisseaux, se heurtant par des mouvements saccadés et terribles, se seraient démolis l'un l'autre ou se seraient jetés à la côte ensemble. Ce fut à ce moment qu'au risque de rompre ses amarres, le commandant Borius fila rapidement sa chaîne de grande touée et que *le Bayard*, s'éloignant par un bond convulsif, cessa de menacer *le Jupiter* et d'être menacé par lui d'une perte certaine.

Sur la rade d'Eupatoria *le Pluton* et *le Henri IV* se perdaient. *Le Pluton*, après avoir évité un grand trois-mâts qui tombait sur lui, vit ses chaînes, engagées dans celles de ce navire, lui manquer l'une après l'autre, et fut jeté à la côte. Quant au *Henri IV*, qui avait été témoin de la perte du *Pluton*, il semblait, vers six heures du soir, qu'il dût être sauvé. De quatre chaînes qu'il avait pu mettre à la mer, deux avaient cassé, mais les deux autres tenaient encore et l'ouragan avait perdu de sa force. Les officiers, moins inquiets sur le sort du vaisseau, venaient de se mettre à table. On dînait presque gaiement. Tout à coup on entend deux coups secs : « Qu'est-ce que cela ? — Ce sont les chaînes qui viennent de casser. — Impossible ! » Un officier ouvre la porte du carré et regarde dans la batterie haute. Tout y était tranquille; quelques groupes d'hommes s'y tenaient insoucieusement, il rentre rassuré. Mais au même instant *le Henri IV* donne de la bande à tribord et le vent entre en sifflant par bâbord. On venait en travers, les chaînes étaient cassées, le doute n'était plus possible. Le chef de timonerie entre précipitamment chez le commandant Jehenne, qui, resté sur le pont depuis huit heures du matin, venaît de descendre pour essayer de dîner et portait sa cuiller à sa bouche. « Commandant, les chaînes viennent de casser. — Toutes les deux ? — Oui, commandant. — Quel malheur, dit le commandant, quel malheur! Un si beau vaisseau ! » Et il monte sur le pont ; tous les officiers y étaient déjà ; ils s'étaient élancés sur les caronades, sur les bastingages, partout où ils pouvaient se faire voir, encourageant les hommes, les interpellant avec une sorte de gaieté. Le brave équipage n'avait pas besoin d'être encouragé. Il s'était placé de lui-même à ses postes de manœuvre, attendant des ordres. Le commandant fait hisser le petit foc, puis, penché sur le bord, il cherche à travers la nuit qui est déjà noire sur quel point de la côte il ira échouer son vaisseau. Pendant que *le Henri IV* se met en route, on tente un dernier moyen de salut. On étalingue un câble sur une forte ancre à jet. Des fanaux disposés sur le pont éclairent les travailleurs. Tout le monde est calme et actif. Les gabiers d'artimon, qui ne sont point occupés dans ce moment, lovent tranquillement les manœuvres de leur mât, comme si, au lieu d'aller à la côte, on allait au mouillage de Toulon. *Le Henri IV* donne enfin un coup de talon, puis un second. La mâture fouette sous le choc et vibre comme une lame d'acier. Rien ne tombe. Les mouvements du vaisseau deviennent peu à peu moins violents, il a fait profondément sa souille dans le sable. Un dernier danger le menace toutefois. Une énorme masse noire se dessine à quelque distance, portée par les lames et roulant sur lui. Il met ses feux de position. La masse noire répond par un feu et oblique à droite. C'était un vaisseau turc qui, moins heureux ou moins bien dirigé que *le Henri IV*, alla faire côte sur des brisants et perdit 200 hommes de son équipage.

Dès lors l'escadre de la mer Noire fut dissoute. Quelques-uns de ses vaisseaux, restés sous le commandement de l'amiral Bruat, mouillèrent devant Sébastopol, prêts à recommencer, le jour d'une action décisive, la diversion qu'ils avaient déjà tentée le 17 octobre, et inquiétant quelquefois, pendant les nuits noires, les forts ennemis par des feux d'obus qu'ils allaient ouvrir à petite distance. Dans un livre remarquable, *Six mois à Eupatoria*, un officier de marine, Léopold Pallu, a dépeint avec une éloquence émue les tristesses, l'ennui, la résignation de ces longs mois où l'on voyait chaque nuit les feux courbes des obus et des bombes illuminer le ciel, et où l'on se berçait chaque jour d'un espoir de combat qui ne devait jamais se réaliser. Les autres vaisseaux allèrent se séparer dans le Bosphore et rentrèrent en France pour y être convertis en transports.

Nous venons d'essayer de rendre compte des sentiments qu'éprouva la marine de guerre pendant les diverses épreuves qu'elle eut à subir. Il nous reste à parler de la marine de transport qui seule désormais remplit un service actif dans la mer Noire. C'est spécialement envers cette marine de transport, si oubliée et pourtant si utile, si noble dans sa résignation et si dédaigneusement traitée pendant la guerre, que nous eussions voulu voir l'opinion publique plus reconnaissante et plus juste. Il y aurait eu à faire, pour un historien de la guerre d'Orient, un travail de statistique, difficile peut-être, mais intéressant. Il eût fallu rechercher le nombre d'hommes, de chevaux, de canons, de boulets, d'obus et de bombes, la quantité de vivres, de munitions et de matériel de toute espèce que la marine a transportés en Crimée. Les chiffres, dans certains cas, ont leur éloquence. C'est en descendant minutieusement dans les détails, en énumérant les travaux obscurément accomplis, en comptant un à un les préparatifs d'une entreprise, que l'on fait mieux comprendre sa difficulté et la grandeur du résultat obtenu. Il eût été curieux aussi de supputer l'économie de fret réalisée par l'emploi des bâtiments de l'État, en mettant en regard les énormes dépenses nécessitées par la nolisation des navires de commerce. Le zèle dans l'embarquement et le débarquement et la rapidité du trajet expliquent cette économie. On sait que les navires marchands employés à certaines époques de la guerre, furent frétés en grande partie au jour et non au voyage. Ils mettaient donc un temps considérable à faire le trajet, relâchaient à chaque instant sous le prétexte d'avaries fort douteuses et ne montraient pas dans le chargement et le déchargement de leurs bâtiments une ardeur et une célérité qui eussent été si préjudiciables à leurs intérêts et si favorables à ceux de l'État. Le contraire arrivait sur nos transports, et si l'on n'a pas à féliciter les capitaines de l'État de la rapidité du trajet qui était dans leurs devoirs, on peut louer chez eux la conscience parfaite et le zèle avec lequel ils accomplirent d'un bout à l'autre une tâche ingrate.

Les Anglais se sont félicités, on ne sait trop pourquoi, de n'avoir point eu besoin de recourir à leur marine de guerre pour opérer le transport du matériel et des approvisionnements de leur armée. Disons d'abord que cette armée, très-faible relativement à la nôtre, n'exigeait pas des transports aussi considérables. Mais il en eût été autrement, que l'on ne comprendrait pas davantage la singulière vanité que tirent les Anglais de l'inaction de leurs bâtiments militaires. Il n'y a pas de sot métier, surtout à la guerre, et lorsque les vaisseaux ne sont point au feu, ils n'ont rien de mieux à faire que de se rendre utiles. Nos voisins ont dit avec une apparence de raison que cette transformation des bâtiments de guerre en transports désorganisait les équipages et détruisait toute discipline. On peut juger aujourd'hui de la valeur de cet argument. Quand on voit avec quelle rapidité notre escadre d'évolutions s'est organisée après la guerre et a remis en vigueur toutes ses anciennes traditions, il est permis de croire que notre marine, sans rien perdre de ses qualités militaires, n'a fait que gagner en instruction nautique par ses voyages de la mer Noire. Croit-on que, sur terre, les salutaires fatigues de la marche et les soins vulgaires de la vie quotidienne ne contribuent pas à développer la vigueur et l'intelligence du soldat?

Pendant près de deux ans, depuis le mois d'octobre 1854 jusqu'au milieu de l'été de 1856, la marine presque tout entière fut employée aux transports de l'armée. Tous les bâtiments à voiles et à vapeur, ainsi que tous les officiers qui n'étaient pas en Crimée ou dans les stations lointaines, y concoururent. On mettait quarante jours pour aller de France à Kamiesh, une dizaine de jours à débarquer son chargement, quarante jours pour revenir de Kamiesh en France et, après dix jours passés à Marseille ou à Toulon, on reprenait la mer. Une des plus pénibles corvées était le transport des blessés et des malades de Kamiesh à Constantinople. Au moment où un bâtiment allait repartir, il recevait l'ordre d'en prendre à son bord un nombre presque toujours plus considérable qu'il ne convenait. Mais il le fallait : Devant ce mot tout s'incline à la guerre. Les matelots transportaient eux-mêmes les soldats blessés aussi doucement qu'ils le pouvaient. La batterie, dégagée d'un bout à l'autre, était prête à les recevoir; mais souvent le nombre des matelas était insuffisant et les pauvres gens étaient étendus sur le pont, avec un petit paquet d'effets ou leur criméenne pour oreiller. Toutefois, ils avaient une litière de foin, reste du chargement de fourrage que le navire avait apporté. Tout ce que les deux ou trois chirurgiens du bord — je parle ici des grands bâtiments — pouvaient faire pour cette foule de blessés et de malades, c'était de laver leurs plaies et d'adoucir imparfaitement ce que les souffrances avaient de plus vif. Quelques-uns toujours, un grand nombre parfois, mouraient en route ; on ouvrait un sabord ; un homme, le premier venu, disait une courte prière, et le cadavre était jeté à la mer. Le commissaire essayait de dresser un acte de décès, mais il était très-difficile de constater l'identité de l'homme qui venait de succomber ; il eût fallu prendre la liste de noms remise par l'intendance et faire l'appel de tous ces moribonds. On demandait alors au voisin du mort s'il le connaissait ; celui-ci, se soulevant, trop malade souvent pour bien comprendre ce qu'on voulait de lui, donnait de vagues indications dont il fallait se contenter. Tout allait bien encore quand le temps était favorable et que la traversée se faisait vite ; mais lorsque la mer devenait grosse, la brise forte, le spectacle que présentaient ces hôpitaux flottants déchirait le cœur. Ces malheureux soldats, jetés contre le bord par le roulis ou le tangage et pris du mal de mer, ne pouvaient retenir leurs plaintes. Une odeur nauséabonde se répandait dans la batterie que l'état de la mer obligeait à fermer. La nuit surtout, lorsque les officiers prenaient le quart, ils montaient rapidement de leur chambre sur le pont, ayant hâte de respirer à grands traits la brise mêlée de pluie et d'échapper au spectacle de l'entrepont et des batteries. Enfin, quand ces malades et ces blessés avaient été déposés à Constantinople, tout rentrait à bord dans l'ordre habituel. Mais quelle différence entre ces navires de transport et ces mêmes navires quand, un an auparavant, ils étaient armés en guerre. Leur propreté, toujours maintenue, n'avait plus ni luxe, ni coquetterie. Les sabords, dégarnis de leurs canons, semblaient abandonnés. Les équipages, considérablement réduits, se perdaient dans la vaste solitude du navire. Cette différence de la vie au silence était sensible pour le regard, plus encore pour le cœur des officiers. Une tristesse sans révolte put les prendre parfois, car ils n'avaient aucune récompense à attendre de la vie d'abnégation qu'ils menaient, toujours à la mer, loin du feu, loin du danger, loin de la gloire. Eux-mêmes, à bord, étaient en petit nombre et sentaient plus vivement leur isolement. Sur presque tous les bâtiments les états-majors étaient incomplets. Sur les vaisseaux, au lieu des cinq lieutenants de vaisseau et des cinq enseignes réglementaires, il y avait deux lieutenants de vaisseau, deux ou trois enseignes, quelquefois un élève. On vit alors ce que, peu de mois avant, on n'aurait jamais cru possible. Ces enseignes et ces élèves, auxquels autrefois on ne laissait même pas en rade le soin de faire larguer les voiles, conduisirent comme chefs de quart les plus gros vaisseaux, au milieu des îles de l'Archipel, par des nuits de brume ou des nuits d'orage. Il semblait, il est vrai, que les bâtiments connussent d'instinct, à force de l'avoir fait, cet ingrat chemin de Crimée en France et de France en Crimée. Il n'y eut qu'un sinistre, mais il fut terrible, ce fut celui de la frégate *la Sémillante*. Les circonstances avaient contraint ce bâtiment de partir de Toulon par un temps forcé, avec son pont encombré de matériel et de passagers, dans la presque impossibilité de manœuvrer. Il donna dans les bouches de Bonifacio par une nuit tellement noire que les habitants de la côte n'avaient point le souvenir d'en avoir vu une semblable. Les phares eux-mêmes, éteints à plusieurs reprises par le vent, ne pouvaient éclairer sa route et il se perdit corps et biens sur la pointe Lavezzi. Il est impossible de se rien figurer d'un tel naufrage, si ce n'est un immense cri d'agonie sortant de ce navire qui s'entr'ouvrait sur un écueil.

Comme compensation à ces fatigues sans gloire et à ces dangers obscurs, la marine devait prendre à terre même la part la plus honorable et la plus utile au siége de Sébastopol. Dès les premiers jours on avait reconnu que l'artillerie de siége était insuffisante pour battre la ville qui avait à sa disposition son artillerie de marine, et le général Canrobert avait demandé des canons à l'amiral Hamelin. Les officiers des vaisseaux et les hommes suivirent naturellement leurs pièces. Les batteries que construisirent les marins du corps de débarquement, placé sous les ordres du contre-amiral Rigault de Genouilly, se développèrent successivement et formèrent une grande partie des attaques de gauche et de droite. Les marins s'habituèrent vite à la vie du camp et finirent par l'aimer. Le service des batteries se faisait un jour sur trois. Ces vingt-quatre heures se passaient dans des alternatives de feu et de repos. Les officiers qui étaient de passage à Kamiesh allaient, pour la plupart, visiter les batteries. Ce spectacle les frappait vivement. Ils trouvaient leurs camarades, les traits fatigués de la nuit qu'ils avaient passée, les vêtements souillés de terre, assis sous un abri de feuillage, fumant ou lisant quelque roman. Ils montaient à l'observatoire et regardaient Sébastopol à l'aide d'une longue-vue. Quelques balles passaient en sifflant par-dessus les épaulements. Quelquefois le feu commençait tout à coup et ils en prenaient leur part. La manière dont le feu s'engageait dans le cours ordinaire du siége était souvent bizarre.

Dans un moment de silence, une batterie russe envoyait un coup de canon à une batterie française. Celle-ci répondait. Une batterie russe, voisine de la première, se mêlait à la conversation et ripostait par deux ou trois coups; une deuxième batterie française prenait la parole à son tour et souvent, en moins d'un quart d'heure, le feu s'allumait sur une grande partie de la ligne. Puis, peu à peu, chacun semblait avoir dit ce qu'il avait à dire ; les arguments et les répliques devenaient moins pressés et moins rapides, et l'on se taisait successivement. Après la journée de batterie on revenait au camp, et généralement le jour suivant on se reposait. Le soir, après le dîner, chacun s'asseyait devant sa tente ou sous son gourbi, et regardait les obus et les bombes se croiser dans l'air, au-dessus des batteries et de la ville, et décrire lentement leurs courbes avec une grâce sinistre. Le troisième jour était donné aux visites dans les camps voisins, aux promenades à cheval, aux courses à Kamiesh. Pendant les deux derniers mois du siége, la physionomie de l'armée était remarquable. Elle exprimait une inflexible ténacité, une insouciance profonde. On était trop habitué à la vie que l'on menait pour s'en préoccuper, et l'on sentait cependant que l'on marchait obstinément et à pas comptés vers le dénoûment.

Enfin, quelques jours avant le dernier assaut, on dut ouvrir le feu. C'était le moment suprême impatiemment attendu. Dans la nuit du 6 au 7 septembre, l'amiral Rigault de Genouilly fit parvenir au chef d'attaque des batteries, les ordres qui devaient régir les opérations du lendemain. Voici ces ordres, dont l'originale concision est le récit le plus émouvant du rôle que joua à cette époque la marine du siége. — Au jour, feu assez vif mais réglé par les conditions d'un pointage précis, s'accélérant à neuf heures et demie pour atteindre un maximum d'intensité. — Arrêt brusque à dix heures, — silence absolu jusqu'à midi, — à midi reprise très-vive, en commençant par une salve de toutes les pièces dans chaque batterie, puis pointage précis, feu modéré, accélération vers trois heures. — A trois heures et demie, arrêt brusque, silence absolu. — A cinq heures et demie reprise générale et violente du feu jusqu'à six heures, puis pointage précis jusqu'à la nuit, en rectifiant les points de repère. — Il est facile de comprendre combien ces brusques arrêts de feu, ces silences étranges, subits et pleins de menace, devaient dérouter et surprendre les assiégés qui, l'œil aux aguets et l'attention perpétuellement en éveil, cherchaient à l'abri de leurs casemates, à deviner le moment de l'assaut. Alors de tous côtés c'était un mouvement, une agitation que l'on suivait à l'aide de longues-vues. On apercevait les aides de camp courir en tout sens et les troupes de la garnison quitter à la hâte leurs abris souterrains. Aujourd'hui il est prouvé que ce système de tir irrégulier et à heures différentes a considérablement entravé la défense et facilité le premier effort de nos troupes assaillantes contre les formidables redoutes de Sébastopol.

Le lendemain Sébastopol était pris, et si le mauvais temps empêcha l'amiral Bruat de courir avec ses vaisseaux à l'attaque du 8 septembre, les canons de la marine du siége se firent du moins entendre jusqu'au moment où nos colonnes d'assaut s'élancèrent contre Malakoff pour y planter, victorieuses, le drapeau de la France.

Pour achever d'esquisser à grands traits le rôle que joua la marine française pendant la guerre d'Orient, il me reste à dire deux mots des événements de la mer Baltique. Mais la tâche est simplifiée par ce que je viens de raconter, car nous retrouvons chez nos marins les mêmes qualités, le même patriotisme, le même courage. L'escadre de la Baltique a eu d'ailleurs à lutter contre beaucoup moins de difficultés que l'escadre de la mer Noire. Sa carrière plus courte a été à la fois moins agitée et plus heureuse. Le fait qui mérite le plus d'éloges à ses équipages, à ses officiers et à son amiral, a été sa rapide organisation. C'est là qu'elle a eu des obstacles à surmonter et des difficultés à vaincre, bien plus qu'à Bomarsund et à Sweaborg; bien plus même que dans sa patiente et difficile navigation, par une saison encore mauvaise, sur une mer qu'elle ne connaissait pas. Ce fut un curieux et touchant spectacle que de voir arriver à Brest, à bord de ces vaisseaux sortis à la hâte du port, toute cette population maritime des environs qu'on avait levée pour les armer. Ces braves gens étaient en sabots, en habits de pêcheurs, en bonnets de laine. Cette population des côtes de Bretagne, est douce, brave et dévouée; mais que d'efforts il fallait pour la former et pour l'instruire. Parmi les officiers eux-mêmes, la plupart avaient fait de longues campagnes, mais peu avaient été dans l'escadre. Ils en ignoraient le mécanisme, les habitudes; ils ne connaissaient pas le grand art par lequel on courbe à une règle unique plusieurs bâtiments réunis pour en faire un tout homogène, intelligent et docile. Mais, comme les matelots, ils étaient remplis de bonne volonté, de zèle et de désir d'apprendre. Les commandants, il est vrai, apportaient presque tous à cette escadre nouvelle les précieuses traditions de l'escadre de la Méditerranée. Au-dessus d'eux, choisi par l'Empereur, était le vice-amiral Parseval-Deschênes, l'ancien commandant de l'escadre d'évolutions de 1850, celui de nos amiraux qui avait au plus haut degré la dignité, la bienveillance et le charme. Il était aimé de son escadre et il en fut bientôt compris. Dès le premier jour de son arrivée, tous les bâtiments furent soumis à la même méthode d'instruction. Chacun vécut à la même heure de la même existence de travaux et d'exercices. L'on fit mal d'abord, mieux ensuite, et, au bout de quelques mois, au moment où l'escadre de la Baltique mouillait à côté de l'escadre anglaise, cette ignorante population maritime des premiers jours, qui n'avait guère pour elle que sa bonne volonté, s'était transformée en équipages d'élite, remplis d'instruction et de confiance en eux-mêmes.

Me voici à la fin de ces notes ébauchées autrefois et que je mets aujourd'hui en ordre sous l'impression des lieux et des souvenirs. Je me suis rappelé la guerre d'Orient pour initier ceux qui ne l'ont pas faite à la vie morale de la marine, à ses émotions intimes. C'est la tâche modeste du chroniqueur racontant les événements qu'il a vus lui-même ou auxquels il s'est identifié par le récit que lui en ont fait les acteurs. Quant à la véritable histoire de la guerre d'Orient, elle n'est pas encore écrite et ne pourra l'être un jour que par un homme qui aura assisté à cette guerre d'un bout à l'autre et qui la racontera comme quelques grands capitaines, grands écrivains en même temps, ont raconté leurs campagnes.

XVI

En mer, 2 octobre.

Le Cacique est parti hier matin de Constantinople. J'ai salué d'un dernier regard les rives du Bosphore, l'éblouissant amphithéâtre de la ville, la Corne d'Or pleine de navires et la sombre pointe du Vieux Sérail. Je ne leur ai point dit adieu. J'espère bien que les circonstances de ma carrière me ramèneront tôt ou tard et pour plus longtemps dans ces beaux lieux. De nouveau nous avons traversé la mer de Marmara, franchi les Dardanelles, laissé Ténédos à notre droite, puis nous avons suivi la côte de Caramanie. — Au dîner, à propos des Derviches tourneurs, on a parlé de M. Home. Le Prince a été témoin de faits qui ne peuvent être mis en doute. Il est certain que le célè-

11

bre medium peut s'élever à un pied du sol, soulever une table sur laquelle plusieurs personnes sont assises, et donner de près ou de loin aux incrédules de glaciales poignées de main. C'est la sensation de la main d'un mort qui serrerait la vôtre. Il est encore avéré que les communications, apparentes, du moins avec les morts illustres, et très-réelles avec les personnes absentes ou présentes, ne sont qu'un jeu pour lui. Mais ce ne sont là des miracles que pour les niais et les superstitieux. L'Empereur, après avoir assisté aux faits les plus extraordinaires, ne se déconcerte point et se contente de dire : « Combien de choses nous ignorons ! » Il n'y a là en effet qu'une science aussi vieille que le monde, toujours la même dans ses manifestations les plus diverses et qui, changeant de nom suivant les époques, a été tour à tour la Magie, le Magnétisme et le Spiritisme. Il n'est point mauvais par le temps qui court et lorsque la manie du spiritisme menace de devenir aussi idiote que celle de la collection des timbres-poste, de rétablir la vérité en quelques mots. L'intelligence a pour transmettre au corps ses sentiments, ses passions et ses pensées un admirable instrument : le cerveau. C'est lui qui agit à son tour sur les sens et qui traduit par la vie extérieure du corps la vie intérieure de l'âme. Mais cet instrument, fait de chair et d'os, essentiellement matériel, est accessible à toutes les influences de la matière. L'ivresse, les narcotiques, les stupéfiants, le sommeil, la surexcitation nerveuse peuvent s'emparer de lui et le soustraire à l'action de l'intelligence. Elle en est réduite à voir un agent physique prendre sa place et jouer son rôle et, sans cesser d'être, elle ne peut que planer au-dessus de ce cerveau et de ce corps dont elle est isolée, en observant ce qui s'y passe. Le cerveau dans ce cas peut se comparer à une harpe qu'on enlèverait à l'artiste qui s'en sert d'habitude, à laquelle des mains ignorantes ou brutales feraient rendre des sons discordants et douloureux ou que parfois aussi les brises du soir feraient vibrer d'une façon merveilleuse et divine. L'artiste ne serait plus qu'un auditeur indigné, attendri ou ravi en extase. Mais dès lors aussi le cerveau n'agit plus que conformément aux lois de l'agent qui le dirige. Le sommeil l'agite de rêves, les narcotiques le troublent de visions, le Magnétisme fait de lui l'esclave d'une autre intelligence. Livré à lui même dans l'extase, il n'a plus qu'une vie automatique pleine de réminiscences ou tout empreinte de l'idée qui a présidé à l'extase et à laquelle il obéit encore par suite de l'impulsion donnée. C'est ainsi que, sous l'influence de l'amanite, le poëte, dont le cerveau s'exalte subitement, peut écrire, sans en avoir conscience, les vers qu'il ne préparait encore que dans sa pensée. Mais cette préparation suffit. Le cerveau ne fait qu'exécuter la tâche que l'intelligence avait l'intention de lui donner et, habitué à servir sous ses ordres, il lui fournit de lui-même la forme, l'expression et les couleurs.

Or ces divers fluides — j'entends par fluide tout agent chimique qu'on ne peut voir et la force nerveuse est du nombre — qui engourdissent ou exaltent le cerveau, se résument plus ou moins en un seul qu'un savant célèbre, le baron de Reichenbach, a trouvé et qui se compose de magnétisme terrestre ou aimantation et d'électricité. Ce fluide, en quelque sorte universel, relie dans une sympathie commune les êtres animés et la nature. C'est l'odyle. Je ne veux le montrer en action que dans un seul cas, l'hydroscopie. On marche en tenant de chaque main l'une des deux branches, aboutissant à un même nœud, d'une baguette de coudrier. Tout à coup on passe au-dessus d'un cours d'eau et la baguette, se tordant entre les doigts, se dresse par degrés et devient verticale. Il y a transmission de la force d'émanation du cours d'eau à la baguette au travers du corps humain qui sert de conducteur. Ce n'est pas là un miracle, c'est l'observation d'un fait connu. Hé bien, il y a des organisations éminemment nerveuses avec lesquelles ces émanations souterraines ou ambiantes de l'odyle ont une affinité extrême. Elles s'y accumulent comme dans un réservoir et s'en échappent à la volonté du sujet. Cela se passe ainsi pour la torpille qui frappe son ennemi où elle le veut et par décharges successives. M. Home, malade, infiniment irritable, n'est qu'un homme-torpille. L'odyle, s'échappant par l'extrémité de ses doigts, se moule suivant le geste de la main qui le secoue. De là l'impression de ces étreintes humides, très-bien définies, qui affectent la forme de mains invisibles. Dans les jours où il est en train, M. Home peut frapper les murailles, se servir par émission violente et comme d'un levier de la force concentrée en lui pour soulever une table ou remuer un meuble. Il n'y a là que des effets physiques. Pour ceux qui sont intelligents ou plutôt qui revêtent le caractère de l'intelligence, c'est autre chose. Si l'on se demande comment se forment les idées, on voit que selon qu'elles résultent d'une sensation physique ou d'un effort de l'esprit, elles se forment en images ou d'une façon abstraite. Dans le premier cas et s'il s'agit de communications à distance avec des personnes absentes ou présentes, ce qui retombe dans le Magnétisme, le cerveau odylisé de monsieur Home reçoit, comme le ferait une plaque photographique, l'empreinte imagée des idées de la personne avec laquelle il est en rapport. L'odyle remplit le rôle de la lumière. Quant aux idées abstraites auxquelles cette explication photographique ne serait pas applicable, elles font impression sur son cerveau et ne s'y impriment pas. Il est à noter que par suite de l'extrême sensibilité de l'organisation de monsieur Home, la personne avec laquelle il communique se trouve vis-à-vis de lui dans la position du magnétiseur à l'égard du somnambule ; seulement elle le magnétise sans le savoir. Reste à se rendre compte de la façon dont l'intelligence chez chacun de nous se sert du cerveau ; mais c'est là un grand problème à résoudre dont le secret appartient à Dieu.

On conçoit donc que les personnes nerveuses, et il n'y a que celles-là qui soient des mediums passables, puissent obtenir en s'y appliquant les petits phénomènes des tables tournantes et des communications écrites. La main obéit alors à l'ébranlement automatique du cerveau et, suivant que celui-ci est bien ou mal constitué ou que l'intelligence qui l'a dirigé jusque-là est plus ou moins toquée, il se produit des résultats plus ou moins incohérents. Le plus souvent ils sont puérils. Ces Esprits qu'on évoque n'inventent rien. Ils ne font que tourner dans le cercle des connaissances acquises. Ils ne s'occupent qu'à des médisances, à des calomnies, à des caquetages indécents. Quand ils s'avisent d'être trop crus on a trouvé pour les excuser un très-joli mot. On dit que ce sont des Esprits badins. Ils se permettent alors des énormités. Les convulsionnaires de Loudun s'en permettaient aussi. Supprimez chez la femme l'ignorance qui est un obstacle et la pudeur qui est un frein, supposez que, comme dans le palais de la Vérité de madame de Genlis, on soit forcé de dire toutes les excentricités morales qui viennent à l'esprit, et vous aurez la bizarre incontinence de langue des femmes spirites. Au fond c'est une manie triste et dangereuse. Il ne faut jamais jouer avec la fragilité de notre intelligence, avec l'excessive malléabilité de notre cerveau. Nous risquons de détraquer l'un et l'autre et d'arriver à la folie ou au crétinisme par le chemin des superstitions effrayantes ou niaises.

Je finirai, pour être moins grave, par une anecdote. Dans le département de la Charente-Inférieure, où j'étais l'année dernière, le spiritisme fait d'alarmants progrès et monsieur Allan Kardec doit être enchanté de la manière dont s'y vendent ses gros et ses petits livres. Il y a beaucoup de spirites à Rochefort, à la Seudre, à Marennes surtout. Cela vient, j'imagine, de ce qu'il y a beaucoup de marais et beaucoup de fièvres. A Marennes même il existe un cercle de spirites. Non-seulement on s'y regarde sans rire, mais on s'y effraye facilement. Un brave patron d'une péniche de l'État, le père Bourla, vint trouver le capitaine de l'aviso à vapeur *la Vigie*, chargé de la surveillance de la pêche et sous les ordres de qui il était. Il voulait invoquer ses lumières et même le convertir, s'il était possible, aux croyances du spiritisme. « Soit, lui dit le capitaine, qui est un garçon très-intelligent et très-original, vous me ferez causer avec l'Esprit que vous évoquez le plus souvent et nous tâcherons de nous entendre. » L'Esprit du père Bourla était celui de son ancien curé. Le patron vint un soir trouver gravement le capitaine et lui dit : « Je suis prêt. — Père Bourla, lui répondit le capitaine, on assure que certains Esprits se moquent de ceux qui les interrogent. Je veux être sûr que je puis avoir confiance dans le vôtre. Aussi je vais lui demander dans quelles circonstances est mort un de mes camarades. S'il me le dit, je serai certain qu'il est aussi bien renseigné que sérieux et je pourrai discuter avec lui. » Le père Bourla, qui avait le crayon à la main, transmet la question au curé. Le crayon courut sur le papier et répondit aussitôt : « Pourquoi ton capitaine me demande-t-il comment est mort son ami, puisqu'il le sait aussi bien que moi ? — Mais je le lui ai dit, reprit patiemment le capitaine. Je désire, avant d'entrer en discussion avec lui, et je le prie de nouveau de me pardonner mon insistance, être édifié sur sa sincérité et sa véracité. — Je ne comprends pas, repartit obstinément le crayon, que l'on s'informe de ce que l'on sait. » Il n'y eut pas moyen de le faire sortir de là. « Tenez, père Bourla, dit à la fin le capitaine impatienté, dites à votre Esprit qu'il est un entêté et un imbécile et que je n'ai que faire de ses leçons. » Le Père Bourla, quoique scandalisé, allait obéir, lorsque le commandant de *la Vigie* l'arrêta : « Au fait, dit-il, ne lui dites rien. Il ne faut se faire d'ennemis nulle part, pas plus parmi les Esprits que parmi les hommes. »

Et je trouve qu'il a raison. Je ne crois pas que les Esprits de nos pères puissent communiquer avec nous, car ils le feraient familièrement et sans appareil comme Dieu avec Adam, et ils ne le font pas. Mais, si nous devons les rencontrer après cette vie, ils pourraient à bon droit s'irriter de ce qu'on ait irrespectueusement tenté, à la façon des écoliers, de les évoquer avec un pied de table ou un crayon.

XVII

Smyrne, 3 octobre.

Smyrne est le jardin du Levant, mais il ne faut pas le voir après Constantinople. Ce que Constantinople a de répugnant, la saleté de ses habitants et de ses rues, disparaît sous la grandeur du paysage, sous la beauté du site. A Smyrne, rien n'est voilé. Ce n'est plus, hélas! qu'une grande ville turque. Le bazar est une longue galerie voûtée où l'on piétine dans la boue et dans la fange au milieu d'une foule en haillons, des chameaux et des portefaix. La pacotille européenne y fait fureur et s'y vend très-cher. Il n'y a de vraiment beau que les tapis. C'est une laine épaisse, drue et douce à la fois, où il fait bon marcher pieds nus. Ils ont l'avantage, médiocre à mon sens, de durer toute votre vie et au-delà. Je trouve déplaisant de fouler chaque jour un tapis qui, dans son insolente humilité, vous rappelle sans cesse la brièveté de l'existence. Les couleurs, de plus, n'en sont pas gaies. Le vert sombre y domine. Ils ne me paraissent à leur place que dans une mosquée ou une église. — La rue des Roses, l'après-midi, quand les Smyrniotes s'accoudent languissamment au rebord de leurs fenêtres du rez-de-chaussée et du premier étage, est assez jolie à voir. Le soir, Smyrne est désert et l'on ne rencontre que des chiens dans les rues obscures. — Après avoir lu les journaux au consulat, je suis monté à cheval et je me suis hâté de sortir de la ville. J'ai naturellement pris par le pont des caravanes. C'est un endroit assez pittoresque. Le pont, treillagé, est jeté sur la petite rivière de Melés. J'ai cherché, sans les trouver, les lauriers-roses de M. de Lamartine et je ne me suis pas rafraîchi comme lui, avec l'eau limpide du fleuve d'Homère, le visage et les mains. L'eau bourbeuse coulait entre deux rives de vase. O grand poëte, que vous ont donc fait ces pauvres voyageurs qui, sur la foi de vos récits, vont chercher si loin de leur patrie, la poésie absente. A gauche, sur la terre grise, au bord même du Melés, étaient accroupis une trentaine de chameaux. Leurs conducteurs les chargeaient et s'agitaient autour d'eux. Le soleil dorait de ses rayons cette terre détrempée, ces hommes en guenilles de couleur, les toits et les jardins de Smyrne. Le soleil en Orient est un si grand magicien, que le regard malgré lui s'arrête charmé sur un médiocre paysage qui ne vaut pas une toile de Marilhat ou de Decamps. J'ai gravi ensuite une route à larges assises taillées dans le roc. Toute cette plaine de Smyrne ondule en mamelons plantés de beaux arbres. Dans les gorges des montagnes le tonnerre, précurseur de l'orage, grondait sourdement et de grosses gouttes d'eau tombaient par instants sur les feuilles immobiles. Je suis arrivé ainsi aux bains de Diane, un joli village caché dans un pli de terrain et, pour laisser souffler mon cheval, je suis entré dans un café. A quoi tiennent les souvenirs? Ce qui m'a le plus frappé dans mes deux jours à Smyrne, c'est sur la muraille de ce café, une peinture en détrempe où saint Georges délivre la fille du roi de Cappadoce. Le dragon passe son cou sous le bras gauche de la jeune fille qui dort dans les ailes du reptile. Celui-ci la regarde amoureusement. Il a des ailes grises de chauve-souris, le corps vert et la gueule rouge. Saint Georges, le Persée chrétien, en barbe noire, en longue robe, tient à la main une grande lance avec laquelle il terrasse le dragon, rien qu'en la lui posant dans la gueule. Cette nouvelle Andromède voulait-elle être délivrée ? Je ne le croirais pas au calme de son sommeil et à la tendre pose du dragon. Saint Georges lui-même hésite et tient mollement sa lance. Que de jougs imaginaires dont les moralistes et les philosophes veulent délivrer les femmes et les peuples ! — Cependant je m'attriste, je ne sais pourquoi. Un voyage en Orient ne tient jamais ce qu'il a promis au début. C'est qu'au fond les lieux ne sont qu'un cadre à nos sentiments et à nos sensations. Il y a tel pauvre village de Bretagne que je ne reverrais pas sans une émotion profonde et je resterais de longues heures sur le plateau d'Inkermann, à l'endroit où fut ma tente, à me rappeler un grand passé. C'est toujours l'histoire de madame de Staël et du ruisseau de la rue du Bac.

Je suis revenu lentement, croisant les longues files de chameaux attachés les uns aux autres et que guide en tête un tout petit âne sur lequel est assis, fumant son chibouck, le conducteur de la caravane. L'âne porte au cou une clochette dont les tintements s'entendent de loin dans la campagne tranquille. Les chameaux sont des animaux graves. Ils marchent avec dignité en remuant toujours leur lèvre inférieure comme s'ils se parlaient à eux-mêmes. Ils ont l'air de se conter des histoires pour charmer les ennuis de la route. Leur grande silhouette se découpe bien sur l'azur du ciel et ils sont aussi indispensables que le soleil aux paysages de l'Orient. — Je suis arrivé à bord juste au moment où l'orage éclatait. Il a été splendide. La foudre se tordait en zig-zags dans des éclairs démesurés. La pluie tombait à torrents. *Le Cacique* avait fait ses tauds et mis à l'eau ses chaînes de paratonnerre, de sorte que nous assistions doublement à l'abri à cette grande attaque de nerfs de la nature. Le Prince nous a offert des cigares et nous avons parlé des nouvelles de France et de Paris que les lettres et les journaux nous apportaient. — Il n'y a rien de bien intéressant, mais ces grandes feuilles imprimées, quand on les reçoit au loin, font toujours plaisir à sentir et à lire.

XVIII

En mer. — Rhodes, 5 septembre.

Nous sommes partis hier de très-bon matin et le temps, rafraîchi et calmé par l'orage, est toujours admirable. Si cela continue, les dieux auront fait au *Cacique* une mer où voguerait, traînée par ses colombes, la conque de Vénus. Après avoir doublé le cap de Karabournou, nous sommes entrés dans le canal de Scio. Nous avons laissé Scio à droite, Éphèse à gauche et nous avons descendu au Sud-Est le canal de Fourni. Les terres semblent nous escorter à mesure que nous avançons. Le matin elles sortent des flots dans un voile de brume et le soir grandissent dans l'ombre ou se colorent des feux du soleil couchant. C'est maintenant Samos à gauche,

Nicaria et Pathmos à droite. Puis le canal de l'île de Cos où naquit Homère, puis les ruines de Cnyde au cap Krio, et au loin, un peu au large, l'île de Rhodes. Nous nous y arrêtons quelques heures. Rhodes a appartenu autrefois aux chevaliers de Saint-Jean de Jérusalem. Quand ils l'ont perdue ils se sont réfugiés à Malte. On retrouve leurs traces dans une longue rue étroite où les maisons gardent encore les écussons des principaux d'entre eux. Mais les Turcs se sont logés dans les pans de murs et l'herbe pousse entre les pierres. Les vieux remparts se tiennent encore à demi debout, les pieds dans la mer. Rhodes, au fond de la Méditerranée, paraît isolée du reste du monde. Il y a de distance en distance, sur la côte, de vertes oasis. Les amoureux et les savants — des gens qui d'ordinaire ne vont guère ensemble — aimeraient à y demeurer quelques jours. Les uns y vivraient, oubliant, oubliés, selon la devise de l'amour qui naît à peine et qui se croit éternel. Les autres y chercheraient la vraie place du Colosse. Il semble qu'il ait dû avoir les pieds sur les deux larges assises à l'entrée du petit port. Les grands navires de ce temps-là, les galères à voile ou à rames, lui passaient entre les jambes. — Voilà bien peu de chose sur Rhodes; mais si j'en disais davantage, cela intéresserait-il? Il y a en voyage un mot éternel et fatigant. C'est le mot : voir. On voit toujours et l'on ne fait que voir. On reste un étranger pour les villes où l'on descend et elles restent pour vous des étrangères. Souvent on voudrait demeurer, mais le vent qui se lève, la mer qui grossit, des circonstances imprévues qui s'y opposent, l'itinéraire que l'on doit suivre et que l'on ne saurait dépasser dans ses limites de temps, vous poussent en avant. On jette alors un dernier regard sur ces lieux qu'on ne reverra peut-être plus jamais et l'on se résigne au départ. Le navire est d'ailleurs le meilleur moyen de transport. L'on y a ses habitudes, ses aises, des camarades et des amis dont il porte la destinée comme la vôtre. Il est lui-même un ami, on s'y réfugie comme à la maison hospitalière où le feu est allumé dans l'âtre, où le souper est prêt, où le lit vous attend. Les rives inconnues offrent plus de déceptions que de plaisirs. On les foule avec une curiosité inquiète qui se satisfait trop vite. Quoi! cet Orient si longtemps rêvé, chanté par les poëtes, n'est que cela. Des masures et des haillons. Las de courses et de spectacles, on se reprend avec une joie intime à vivre par la pensée et par l'étude. Et l'on en devient reconnaissant au navire qui est la patrie flottante; car on l'y retrouve dans les causeries, dans les livres, dans le travail.

C'est ainsi qu'en songeant à Pathmos j'ai relu ce soir l'Apocalypse de saint Jean. J'en suis sorti avec une impression de colère et de tristesse. Je ne suis point même ébloui de la prétendue grandeur des images et je ne cherche point, tout éperdu, mon chemin au travers des formidables et terrifiantes ténèbres de la dernière nuit. Il se peut que les quatre animaux assis au pied du trône de Dieu soient les quatre évangélistes. L'un pouvait avoir la face d'un lion, l'autre la tête d'un veau. Celui-ci pouvait ressembler à un homme et celui-là à un aigle qui vole. Les sept étoiles peuvent être les sept anges des sept Églises, et les sept chandeliers d'or les sept Églises elles-mêmes. Qu'importe cela? Ce qui me frappe, c'est l'imagination si fertile en supplices de ce grand meneur des colères de Dieu, sa férocité naïve, son orgueil insensé. La volupté de l'extase conduit-elle donc à la cruauté? Est-ce donc le saint Jean de l'Apocalypse qui a écrit dans les Évangiles l'histoire si touchante et si tendre de la vie et de la mort de Jésus-Christ. Ce n'est plus qu'un sombre énergumène dont les visions se colorent à la lueur du feu céleste, un fou noir et méchant que le sang répandu à flots, que les larmes versées à torrents ne peuvent désaltérer. Écoutez-le plutôt : « Il se forma une grêle et un feu mêlé de sang qui tombèrent sur la terre, et la troisième partie de la terre et des arbres fut brûlée et le feu brûla toute herbe verte.» — Et plus loin : «De la bouche des anges qui montaient les chevaux il sortait du feu, de la fumée et du soufre et, par ces trois plaies, c'est-à-dire par le feu, par la fumée et par le soufre, la troisième partie des hommes fut tuée. » — Et cependant les hommes ne se repentent pas. Alors saint Jean accumule sur eux des tortures plus raffinées encore et plus monstrueuses. Ils ne se repentent pas davantage. Ah ! je le comprends. Si un maître impitoyable frappait ainsi, fût-il Dieu, il n'y aurait dans les cœurs généreux que l'indignation et la révolte, et ces pauvres Pygmées, poussés à bout par la douleur, deviendraient des Titans pour escalader ce ciel de soufre et de poison et punir le tyran. Une chose explique saint Jean sans l'excuser. Il avait le sang des vieux prophètes dans les veines et il suivait la tradition. La Bible est l'inspiratrice de l'Apocalypse. Le Dieu de la Bible, au temps de l'exode et des prophètes, ne procède que par la crainte et la menace. Les Hébreux étaient sans doute un peuple lâche et cruel qu'il fallait mener à coups de supplices. Saint Jean croit encore ne parler qu'aux Hébreux, tandis qu'il s'adresse aux populations enthousiastes et croyantes du christianisme naissant. Il ne se rappelle point qu'il a été le disciple aimé de Jésus. Il ne voit plus qu'un maître irrité, tout-puissant, dans ce divin ami de sa jeunesse. Il frappe lui-même en chef de secte que les persécutions exaltent, que les résistances exaspèrent que les défaillances indignent. Il y a toutefois dans ce dévergondage de courroux et infatuation, un côté tout positif, très-accusé. C'est celui de l'argent. Saint Jean se plaint que les caisses sont vides et que la tiédeur se glisse parmi les fidèles. Là, il ne rêve plus. Il dit vite et bien. C'est une lueur de raison, mais qui effraie chez ce visionnaire. On le préférerait tout d'une pièce, sanguinaire jusqu'au bout et n'introduisant pas le denier de saint Pierre comme un alinéa au milieu des strophes où il noie le genre humain dans une mer de bitume.

XIX

Beyrout, 14 octobre.

Beyrout a cela de remarquable que c'est une ville tout à fait turque. Il y a eu une citadelle sur l'emplacement du Beyrout actuel. Les rues y sont très-étroites et les maisons s'y sont creusées et construites dans les épaisses murailles des forts. Quelques-unes se sont placées perpendiculairement aux autres, de sorte que, pour que la voie ne fût pas obstruée, il a fallu les percer en voûtes. C'est tout un enchevêtrement de vieux murs, de contre-forts et d'arceaux. Partout et toujours une foule grouillante. La variété des costumes a de l'attrait, mais n'inspire aucune confiance. On aurait peur de toucher un homme ou une femme. On évite de les frôler en passant. Ces maisons sordides, ces vêtements hideux donnent des nausées. Sur la place du Canon, en dehors de la ville, l'aspect est un peu différent. On y sent l'influence française. C'est là que campaient nos troupes pendant l'occupation de Syrie et il s'y est établi des hangars, des hôtels et des guinguettes. Sur un grand mur blanc il y a une Ève dessinée à toute outrance, au crayon. Ses grands cheveux épars, flottant à profusion autour d'elle, la recouvrent, par ci, par là, de mèches pudiques. Ce doit être l'œuvre d'un sergent-fourrier fatigué de voir des femmes turques en bottes jaunes disgracieusement accoutrées de la tête aux pieds de leur voile blanc et de leur manteau bleu. Je suis de son avis. Avec quel plaisir je verrais une jolie femme en crinoline et en bottines.

A propos de Beyrout ce serait le cas de parler des Druses et des Maronites. Mais je ne me sens pas le courage de le faire longuement. Les Maronites sont chrétiens ; les Druses adorent le soleil. Ce sont deux races fières, amoureuses des belles armes et des beaux chevaux. Les Druses surtout ont un costume plein de riche et coquette originalité, une tunique courte de couleur rouge et des châles aux teintes éclatantes qui serpentent sur leur turban. Les Druses et les Maronites sont répandus, mêlés çà et là, sur les versants du Liban. La moindre injure allume entre eux la guerre. C'est, par la nature même des lieux, une guerre de partisans. Les villages, suspendus les uns au-dessus des autres, semblent en effet se toucher à l'œil, mais il y a entre eux de profonds ravins, des gorges étroites, des escarpements de roches. Les brillants cavaliers, la carabine en bandoulière, tenant à la main une lance en bois dur et flexible ornée de houppes flottantes et de cordons de soie, portant à la ceinture deux ou trois cangiars et deux pistolets à la crosse damasquinée d'argent, s'attaquent au détour d'un sentier, sur le penchant d'un précipice. Ce sont le plus souvent des faits d'armes isolés, parfois le rapt audacieux d'une jeune fille, qui défraient pendant longtemps l'imagination des montagnards et les chants des poëtes. Leurs batailles sont de quelques cavaliers à peine. Ils jouent à la guerre. Il y a pourtant comme un reflet de poésie sur les mœurs sauvages. C'est que, au Liban, le Turc disparaît et l'Arabe commence. Les derniers massacres sont surtout l'œuvre des Turcs. Les Arabes ont trop de chevalerie pour ces meurtres sans pitié. La paix se fait vite. Elle a pour médiateurs les religieux de ces grands monastères qui sont plantés comme de vieilles forteresses noircies par le temps au sommet des montagnes. Les religieux renouvellent la trêve de Dieu pour ces peuplades barbares et guerrières.

XX

Jérusalem, 17 octobre.

Nous sommes arrivés hier à Jaffa, mais je n'ai fait que traverser la ville. J'ai vu la salle où Bonaparte toucha du doigt les pestiférés. Confiance de l'homme de génie dans sa destinée ! A-t-il ou non conseillé à Desgenettes d'abréger les souffrances de ces hommes qui ne pouvaient échapper à la mort, en leur donnant du poison, et Desgenettes a-t-il répondu ces paroles demeurées célèbres : « Je suis ici pour les guérir, non pour les tuer. » Cela importe peu. Il y a dans la réponse du chirurgien plus de morgue que de grandeur. En tout cas Desgenettes n'aurait jamais fait ni un général d'armée ni un homme d'État. Les circonstances m'ont fait partir seul pour Jérusalem.

J'aime autant cela. J'aurai du moins toute la liberté et toute la sincérité de mes impressions. Chateaubriand a dit qu'il fallait visiter les lieux saints la bible et l'évangile à la main. Il vaudrait mieux encore avoir l'enthousiasme et la foi. Que ne suis-je un séminariste tout frais sorti de Saint-Sulpice! Hélas! je me sens dans une disposition d'esprit mauvaise. Je vais à ce voyage avec une curiosité inquiète et défiante. L'histoire sainte ne m'a jamais séduit. Le peuple choisi par Dieu m'a toujours paru peu digne d'intérêt. Il est lâche et cruel. Je ne sais si Moïse a eu raison de l'enfermer dans des lois de fer, mais ce prophète législateur et ses successeurs ne cessent de me montrer un Dieu hautain et sévère, inaccessible à la pitié, que je puis craindre et que je ne puis adorer. Entre la religion juive et celle de Jésus-Christ il y a un abîme que je ne sais comment combler. Je ne puis croire que l'une procède de l'autre. — Les temps étaient venus — voilà tout ce qu'on peut dire. Il fallait que dans le vieux monde romain il se fît contre l'esclavage, contre la corruption, les jouissances effrénées de la matière, la servilité des mœurs et l'abaissement des caractères, une réaction de chasteté, de privations, d'abnégation et de dévoûment. Si Jésus-Christ est né en Judée, c'est qu'il fallait que sa doctrine se développât lentement, loin du centre de l'Empire, pour ne point être étouffée dès son apparition. Deux siècles se sont écoulés depuis la mort du Christ, que l'on sait encore à peine à Rome s'il existe des chrétiens. Enfin, en Judée, on croyait déjà à l'unité de Dieu et il n'y avait point à renverser tout d'abord comme sur le reste de la terre, d'autres dieux, inférieurs sans doute, mais séduisants et aimés pour l'idéale beauté et les héroïques vertus que l'imagination des grands poëtes et des peuples enfants leur avaient attribuées.

Je suis parti à cheval hier à sept heures du soir avec un mulet qui portait ma valise et mon moukre. Le moukre est un serviteur arabe qui se loue au voyageur. Il est ordinairement sous la dépendance du drogman avec qui l'on fait prix pour le voyage de Jaffa à Jérusalem. Mais j'ai trouvé le drogman avec ses mulets, son escorte et ses moukres trop chers pour moi seul. Il est rare d'ailleurs que les Bédouins attaquent un officier français. Ils le savent armé et sont trop au courant de sa richesse négative. Pendant une demi-heure, en laissant Jaffa sur notre gauche, nous avons traversé des jardins et des vergers séparés les uns des autres par de hautes haies de cactus. Une vaste plaine à larges ondulations avec quelques bouquets d'oliviers et de petits villages arabes de loin en loin, leur succède. Vers huit heures, j'ai regretté un moment de n'avoir pas pris d'escorte. J'ai vu accourir toute une bande de Bédouins jetant des cris et tirant des coups de fusil. Cinq d'entre eux sont venus me barrer la route. C'étaient simplement les bachi-bozouks que le gouvernement de Jaffa avait mis à la disposition des Princesses et qui les avaient accompagnées jusqu'à Ramlé. — A neuf heures et demie, arrivée à Ramlé. De nuit, c'est un gros bourg. — Je me suis arrêté en dehors à un petit café près d'un puits. Le moukre a fait boire le cheval et le mulet. Il y avait sur la margelle du puits des mendiants assis et quelques Arabes. La physionomie de ces gens-là, à la lueur des flambeaux de résine, est très-pittoresque. Ils ont presque tous des yeux de gazelle, noirs, humides, fendus en amandes et une bouche de carnassier à grandes dents aiguës et blanches. L'œil caresse et la bouche menace. — Vers dix heures, je suis remonté à cheval. Le paysage est toujours le même, mais s'empreint d'une remarquable sérénité. La lune est splendide ; le ciel d'un azur profond semé d'étoiles. Ce sont bien là les belles nuits de l'Orient. Ce devait être par une nuit semblable que l'étoile guidait les Rois pasteurs. Ils portaient à l'enfant nouveau-né l'or, l'encens et la myrrhe, et cet enfant vagissait dans une étable. Je rêvais aux grands tableaux d'église où la Vierge présentait l'enfant Jésus aux bergers prosternés tandis que les bœufs et les moutons tournent la tête d'un air intelligent. Les évangélistes, saint Jean surtout, ont écrit une merveilleuse épopée. C'est, d'un bout à l'autre, large, saisissant et simple. La vie et la mort du Christ, que ce soient celles d'un Dieu ou d'un Dieu fait homme, sont admirables. Elles le sont d'autant plus que, jusque-là, elles n'avaient point eu de modèle. Les anciens connaissaient les vertus stoïques ; ils ignoraient la charité et le pardon. Si le supplice de Jésus-Christ avait eu à cette époque autant de retentissement que l'invention d'une sauce nouvelle par Apicius où l'un des dîners de Lucullus dans son salon de Diane, quel eût été l'émoi de Rome ! Quoi ! il y avait un homme qui se disait Dieu et qui était presque roi car il était entré dans Jérusalem suivi d'une foule qu'il eût pu soulever à son gré, et cet homme s'était laissé conduire à la mort sans susciter d'émeute. Mis en croix, abreuvé d'outrages, il avait demandé à son père céleste le pardon de ses bourreaux et avait traité comme un frère le larron crucifié à ses côtés. Quel héros de l'antiquité, quel dieu de l'Olympe se fût conduit ainsi ? Ce n'eût pas été assurément Apollon écorchant Marsyas qui avait mieux joué de la flûte que lui. Cependant les grands esprits de Rome se seraient émus. Ils eussent voulu déchirer le voile qui cachait les vertus nouvelles, la religion future, et cette fusion qui fut sur le point de s'accomplir plus tard entre les évêques et les philosophes du quatrième siècle se fût peut-être ébauchée dès lors. Fusion funeste d'ailleurs, rénovation incomplète où l'idée du christianisme pouvait avorter dans des compromis de conscience et de culte, dont les évêques les plus illustres et les plus éclairés du quatrième siècle ne voulurent pas et qu'ils empêchèrent en appelant les Barbares. Il fallait, en effet, unmonde nouveau à cette nouvelle religion enthousiaste et jeune. — C'est ainsi que le voyageur songe malgré lui à ces grandes étapes de l'humanité en foulant cette terre sainte qui n'a plus que la poésie des souvenirs. Cependant, à partir de minuit, le terrain s'accidente. Bien qu'on ait toujours devant soi les hautes montagnes qui séparent la plaine de Jaffa de Jérusalem, on voit déjà s'ouvrir la gorge par laquelle on les franchit. De gros cailloux, presque semblables à des blocs de pierre, obstruent le chemin. Les oliviers deviennent de plus en plus rares. Vers deux heures, je suis à l'entrée même de la gorge et j'y trouve une tente toute préparée. Des bachi-bozouks qui veillent à l'entour viennent à ma rencontre. C'est une tente dressée pour Leurs Altesses. Je me fais reconnaître comme officier du *Cacique* et l'on me permet d'entrer sous la tente où l'on a jeté en guise de lit des brassées de feuilles sèches. La nuit est toujours claire et le froid assez vif. Je me roule dans mon manteau et je m'endors à moitié. A deux heures je partage fraternellement avec mon moukre un poulet froid et une bouteille de bordeaux que le chef de gamelle a fait placer dans une sacoche du mulet, et nous repartons. La gorge est assez boisée avec de grands rochers de chaque bord. Nous marchons deux heures pour parvenir à la crête et pendant une autre heure nous en redescendons les pentes. Au petit village d'Abougosh, le pacha de Jérusalem est campé avec ses cavaliers. Il me demande des nouvelles des Princesses et m'invite à prendre du café. Ce petit village d'Abougosh tire son nom d'un brigand, chef d'une tribu d'Arabes errants, célèbre il y a vingt ans. Abougosh levait des contributions plus ou moins fortes selon son bon plaisir sur les pèlerins de Jérusalem. Lady Stanhope avait donné à monsieur de Lamartine une lettre de recommandation pour lui. En quittant le pacha, je chemine par une succession de collines arides et pelées, toutes couvertes de cailloux. Pourtant, dans les vallons, il y a parfois des traces de culture, de la vigne, des figuiers et des mûriers. A dix heures enfin, après avoir gravi une dernière pente, j'aperçois Jérusalem sur une montagne détachée de toutes les autres. D'ailleurs, de tous côtés, elle est entourée de ravins profonds, bornés eux-mêmes par de hautes collines qui dominent la ville. Quoique le soleil déjà haut dore de ses rayons les toits du Saint-Sépulcre et la coupole cuivrée de la mosquée d'Omar, l'aspect général est triste. On a sous les yeux moins une grande ville qu'une enceinte de pierres jaunâtres fortifiée de tours et de bastions. Il ne s'en élève aucun de ces bruits tumultueux et confus qui annoncent le mouvement et la vie. Quelques caravanes de chameaux varient seules le paysage sans l'animer. A la vue de ces remparts d'un aspect féodal, l'imagination évoque l'armée des croisés avec Pierre l'Ermite, Godefroy de Bouillon, Raymond de Toulouse, Tancrède et ce brillant Renaud qui n'a point existé, mais à qui les fictions voluptueuses et guerrières du Tasse ont donné l'immortalité. Hélas, où est Armide l'enchanteresse, où sont l'intrépide Clorinde et la tendre Herminie, dont un corset bardé de fer, trop rude à sa faiblesse, froisse le sein délicat ? Le Tasse n'avait point vu Jérusalem. Il l'avait rêvée sur les bords de l'Arno. Ces belles musulmanes, ardentes à la mêlée, prudentes au conseil, éprises de chrétiens et si expertes à la passion qu'elles seraient dignes de mener des cours d'amour, n'ont jamais été que les filles de sa poésie. Cette campagne désolée n'est faite que pour la stérilité et les combats. — Je suis entré dans Jérusalem et n'ai point eu de déception. C'est bien la ville à laquelle je m'attendais, infecte et sale, aux rues étroites et irrégulières, aux bazars voûtés qui ne reçoivent le jour que par de minces lucarnes, aux maisons où l'argile remplace la pierre et la brique, avec des portes cintrées et basses, des fenêtres grillées et des terrasses. J'étais de plus très-fatigué de mes seize heures de cheval et je me suis fait conduire au plus vite au couvent Latin. Un religieux m'a reçu à la porte et m'a mené au réfectoire où j'ai mal déjeuné, et de là à une petite chambre voûtée en ogive où il y avait un lit, une table en bois et une chaise. Les puces et les punaises m'ont chassé du lit et — après quelque hésitation de ma part, — du couvent Latin. Je me suis réfugié à l'hôtel *Siméon* et j'y ai dormi jusqu'à cinq heures du soir.

J'espère qu'on me pardonnera ces quelques lignes où il n'est question que de mes faits et gestes comme voyageur. J'ai déjà dit quel était mon but en écrivant ce livre. Je raconte seulement ce que j'ai vu, ce que j'ai ressenti. Quiconque n'aura que peu de temps pour voyager ne s'arrêtera guère plus que moi à Athènes, à Constantinople, à Jérusalem et, comme je ressemble à tout le monde, tout le monde passera à peu près par les mêmes impressions que moi. Je les reproduis donc comme elles me sont venues et dans toute leur naïveté. Je vais jusqu'à dire que j'ai eu faim et que — rien ne fait tomber l'enthousiasme et ne porte à la tiédeur comme la fatigue — je ne me suis tout d'abord préoccupé à Jérusalem que du soin de trouver un gîte où je pusse dormir jusqu'à l'heure du dîner.

18 octobre.

Le dîner de l'hôtel *Siméon* a été fort bon. La cuisine y est fort supérieure à celle du couvent Latin et les punaises n'y sont qu'en petit nombre. Après le dîner, il n'était encore que huit heures, je me suis promené dans Jérusalem comme je l'eusse fait à Quimper en Bretagne ou à Brignolles en Provence. C'est dire que cela n'avait rien de gai. Des rues étroites et sombres, quelques rares passants avec des lanternes. Moi-même j'avais la mienne pour écarter les chiens. Un grand silence d'ailleurs morne et triste. Il y a dans ces promenades désœuvrées à travers une ville inconnue et déserte un ennui qui ne se définit point, tout empreint de banalité et d'irritation. Il est presque ridicule d'être venu s'ennuyer si loin. On ne sait que faire pour tuer le temps. Il n'y a nulle distraction possible. La pensée de rentrer à l'hôtel dans une chambre nue avec une bougie posée sur une table, vous inspire une répugnance extrême. On n'est point en train de dormir, encore moins d'écrire. On sent tout le poids des heures dans ce qu'elles ont de lenteur et de gêne. — J'ai marché encore au hasard et je suis arrivé à la porte de Saint-Étienne. Il était près de neuf heures et on allait la fermer. Moyennant un bagdchi j'ai obtenu des soldat turcs qu'on me laissât sortir et qu'on m'ouvrît la porte quand je rentrerais. Alors, en dehors de la ville, adossé aux remparts, je reçus une impression vive et soudaine du paysage qui s'offrit à mes yeux. La lune, dans son plein, brillait de tout son éclat. J'avais devant moi une colline dénudée, semée par plaques de quelques bouquets d'oliviers. Ces arbres trapus, au tronc noueux, au branchage tourmenté, au nombre d'une vingtaine en bas de la colline, s'éparpillaient à mesure qu'ils en gravissaient les flancs. Entre cette colline et celle où j'étais, il y avait une longue et étroite vallée au fond de laquelle s'accusaient les sinuosités d'un petit torrent tout à fait desséché. Sur la droite s'ouvrait une vallée plus large, étincelant çà et là aux rayons de la lune de taches blanchâtres semblables à des tombes. La disposition des lieux, le nom de la porte que j'avais franchie, me dirent où j'étais. La colline en face de moi était le mont des Oliviers, le petit torrent était le Cédron, la grande vallée qui se déroulait à ma droite, la vallée de Josaphat. Derrière moi cette Jérusalem où régnaient la solitude et le silence, c'était la Sion d'autrefois brillante de clarté. Ces lieux célèbres, ainsi entrevus dans la nuit, frappés de stérilité et de désolation, présentaient l'image du néant et de l'oubli. Le deuil de la nature se communique vite à l'âme. Je me sentis saisi d'une émotion presque religieuse et je descendis lentement vers le Cédron. Puis je le traversai et m'acheminai vers le jardin des Oliviers. Un mur en pierres, à hauteur d'appui, enserre l'endroit plus ou moins authentique où Jésus a pleuré. A une trentaine de pas est la grotte où, suivant la terrible et touchante expression des Évangiles, il a sué son agonie. En tout cas, c'est au bas et sur le versant de cette colline qu'il s'est promené dans la nuit fatale où il allait être trahi. C'est là que l'ont pris et terrassé pour une heure le doute de sa mission et le découragement de son œuvre. C'est là qu'il a élevé vers Dieu ses mains suppliantes et que, si près de mourir et le sachant, il a eu pendant un instant le regret de la jeunesse et de la vie. Qu'est donc la vie, qu'a-t-elle donc de si puissant et de si doux, pour qu'un Dieu, sur le point de remonter à ses éternelles sphères de lumière et de gloire, se prenne de tendresse et de compassion pour elle? Hélas, cette lugubre nuit des Oliviers, qui ne l'a pas eue parmi nous? De quel homme ses amers sanglots n'ont-ils pas soulevé la poitrine? N'est-il pas au déclin de la jeunesse, à l'âge même qu'avait le Christ, une heure douloureuse et solennelle où l'on s'arrête entre son passé et son avenir pour mesurer le chemin qu'on a fait déjà et celui qui reste encore à parcourir? n'hésite-t-on pas alors, rempli d'abattement et de trouble? Que sont devenus les rêves infinis de l'enfance, les confiantes ardeurs de la première jeunesse qui montraient la route si féconde et si belle? Si l'on poursuit quelque idée généreuse, quelque ambition noble, on s'aperçoit que depuis quinze ans déjà, on lutte, on travaille et l'on souffre. A quoi donc ont abouti tant d'efforts, tant de persévérance et de courage? A si peu de chose qu'on se demande avec effroi si cela vaut la peine de continuer. Le combat vous a déjà bien meurtri. Vous y avez perdu les illusions enthousiastes et les croyances naïves. Vous savez que ceux que vous aimez peuvent vous tromper et vous trahir, que vous-même, dans les nécessités et l'entraînement de la lutte, pouvez les délaisser et cesser de les aimer.

Le cœur n'a plus une chaleur égale. Il s'est refroidi et ne bât plus que par accès. Le vide aussi s'est fait autour de vous. De ceux qui vous formaient au départ un riant cortége de camaraderie et d'affection, quelques-uns déjà s'en sont allés. Vous ne trouvez plus leurs noms que dans vos souvenirs et sur une tombe. La mort qui les a surpris hier peut vous surprendre demain. A quoi bon dès lors s'acharner à l'œuvre si fragile que vous tentez. Vous n'avez plus même foi à cette œuvre. Elle se voile de ténèbres et ne vous séduit plus. Vous cherchez autour de vous des amis qui vous consolent et vous soutiennent : nul ne répond. Vous appelez l'inspiration : elle ne vient pas. Vous invoquez l'espérance : elle se tait. Vous ne vous croyez pas, comme André Chénier montant à l'échafaud, le droit de vous frapper le front et de vous écrier : « Il y avait pourtant quelque chose là. » Non, vous vous dites qu'il n'y a rien et, suivant le but où vous tendez, que l'ambition vous trahit moins encore que le mérite ou le talent. Alors encore, dans cette longue agonie, vous entrevoyez avec une lâche complaisance la cessation du combat. Vous vous dites qu'il est, à portée de votre main, si vous voulez renoncer à des chimères, des plaisirs faciles et de chaque jour, des jouissances qui ne se feront point attendre. Vous savourez en perspective, dans la médiocrité ennemie du travail et de la vaillance, un asile assuré contre les obsessions stériles de la pensée qui vous a dévoré jusque-là. Un instant de plus et c'en est fait. Vous ne sortirez du jardin des Oliviers que pour pactiser avec les Pharisiens et vous asseoir parmi les puissants. Combien succombent ainsi qui n'étaient pas dignes de vaincre ! Mais Dieu, qui lit dans le cœur et la pensée de ceux qu'il daigne éprouver, ne permet pas que cet instant s'écoule. En vous voyant si faible et si tremblant, il s'émeut de pitié et, comme il envoya un ange à son fils bien-aimé, il vous remet fortifié dans le chemin que vous avez choisi et que vous suivrez désormais jusqu'au bout.

Le récit de la nuit au jardin des Oliviers est la page la plus belle et la plus mâle de l'Évangile. L'idée en est d'ailleurs admirable parce qu'elle est profondément humaine. Ce qui nous touche en Jésus-Christ, c'est que, par cela même qu'il s'est fait homme, il connaît les misères, la faiblesse, les défaillances de l'humanité. Nous avons en lui, entre son père céleste et nous, un médiateur auquel nous nous adressons sans crainte. Avons-nous, en effet, à lui dire autre chose que : — Souviens toi et aie pitié. — Il est pour nous la suprême bonté, l'infinie miséricorde. Aussi, sans le discuter au point de vue religieux, je n'aime pas le livre de M. Renan. En ne faisant de Jésus-Christ qu'un homme, quelque grand, presque divin, que cet homme lui apparaisse, M. Renan nous enlève une idée douce et consolante. La raison humaine fait un pas de plus, je le veux bien, mais cette raison est-elle déjà si vaillante et si ferme qu'elle puisse jeter comme d'inutiles béquilles ses illusions qui nous sont le plus chères? Je n'aime pas non plus les explications toutes gratuites qu'il donne parfois des miracles de l'Évangile. Je ne tiens pas à ce que le Christ ait ressuscité Lazare, mais je trouve puérile la mise en scène que M. Renan attribue à la famille du moribond. Supposer n'est point prouver, et j'aime mieux encore croire au miracle qu'admettre les jongleries qui servent à démontrer qu'il n'a pas eu lieu. Il en est de même de l'hallucination des saintes femmes qui, au jour de la résurrection, virent le sauveur sortir de son sépulcre et remonter au ciel. Il se peut qu'elles aient été hallucinées, mais qui l'avance, si ce n'est M. Renan dix-huit siècles plus tard? Et alors pourquoi le croirais-je? Cette toute petite critique d'un homme de grand talent qui s'est fourvoyé dans un livre inutile, m'a ramené du jardin des Oliviers. De fait, j'en suis revenu lentement, en méditant et, après avoir relu avec une involontaire émotion l'Évangile de Saint-Jean, j'ai voulu, afin de le mieux garder dans ma mémoire, le traduire en vers. Que le lecteur me pardonne. Ce seront les premiers et les derniers vers du volume. Les voici :

CHRIST

I

I

Les temps étaient venus. — Un homme aux cheveux blonds,
A l'œil calme, au front pur, traverse la Judée.
La foule, en le voyant, de doutes obsédée,
L'écoute avec respect ou le couvre d'affronts.
Mais lui marche toujours et répand sa parole,
Comme un divin semeur préparant la moisson,
Gagnant par les bienfaits, l'exemple et la leçon,
La multitude folle.

II

Il guérit tout ce peuple en le touchant du doigt.
Au perclus il dit : — Marche ! — Et le perclus s'agite;
Au mort : — Sors de la tombe ! — Et le mort ressuscite.
A l'aveugle : — Regarde ! — Et cet aveugle voit.

Quand il y met le pied, la montagne frissonne ;
Il marche sur les flots, il apaise le vent,
Mais les enfants joyeux, de loin l'apercevant,
Courent vers sa personne.

III

Le peuple l'interroge ; il lui dit : — Aimez-vous !
Il croit au repentir de la femme adultère.
Au riche il dit : — Donnez ! — Au malheureux : — Espère !
Il a des mots d'amour et de bonté pour tous.
Le peuple alors le suit comme un lion son maître,
Se couchant à ses pieds, le portant dans ses bras
Au trône triomphal dont il ne voudrait pas,
Au supplice peut-être !

IV

Et c'est ainsi qu'entra roi dans Jérusalem,
Au milieu des clameurs, au milieu de la foule,
Vaste océan humain qui l'entraîne et qui roule,
L'homme hier inconnu, l'enfant de Bethléem.
Pendant que rassemblés au fond de leur retraite,
Les riches, les puissants, les Scribes, les Docteurs,
Amassaient, tous en proie à de viles terreurs,
L'orage sur sa tête.

V

« Mais comment le saisir ? On l'aime, il est puissant,
Il n'a point fait de mal, il prêche la justice.

Il prend ainsi que nous sa part du sacrifice.
Son seul crime à nos yeux c'est d'être un innocent! »
Alors un homme vint, l'œil couvert d'un nuage,
Pâle, blême, au front bas, sordide, aux doigts crochus,
A la bouche hypocrite et ses cheveux touffus
Tombant sur son visage.

VI

On l'entendit à peine; il parla vite et bas.
— « Je vous le vends, dit-il, si vous le voulez prendre.
Il se cache la nuit et ne peut se défendre.
Je connais son abri; vous viendrez sur mes pas.
Ils seront là plusieurs. Vous, pour le reconnaître,
Tenez-vous près de moi. Vers lui je marcherai;
Vous me suivrez des yeux, puis je le baiserai
Lui disant : — Salut, Maître! »

VII

Le Christ était alors au mont des Oliviers.
Il savait qu'il touchait à son heure dernière;
L'homme en lui défaillit. Il se mit en prière,
Car il sentait le sol vaciller sous ses pieds.
— « De mes lèvres, mon père, écarte ce calice,
Disait-il en pleurant, triste jusqu'à la mort;
Ou, si je dois périr, Seigneur, faites-moi fort
Pour un tel sacrifice.

VIII

Rien ne lui répondit d'abord. — Il se leva.
Ses disciples sont là veillant pour lui dans l'ombre.
Il tremble, il veut les voir. Mais la nuit était sombre.
Il chercha quelque temps; enfin il les trouva.
Le malheur lui gardait sa dernière ironie.
Ils dormaient ! — Eux aussi l'avaient abandonné.
Alors il retourna seul, faible, prosterné,
Suer son agonie.

IX

La force cette fois descendit dans son cœur.
Paisible il voit venir Judas vers la montagne.
La foule des soldats, des sbires l'accompagne.
— Qui cherchez vous ? dit Christ. — Judas, plein de pâleur,
Lui répond : — C'est vous, Maître. — Il le baise et le livre.
Alors on le soufflette, on l'insulte, on le bat.
Le peuple accourt et rit du juste qu'on abat.
La foule est toujours ivre.

II

X

C'est à la fin du jour. Jésus est sur la croix,
Meurtri de coups, sanglant, nu, couronné d'épine.
Sa tête en s'inclinant penche sur sa poitrine.
Ses membres sur les clous pèsent de tout leur poids.

Il se résigne, il prie, il n'accuse personne;
Pour ses persécuteurs il implore un pardon.
Ses esprits cependant flottent à l'abandon
Et tout son corps frissonne.

XI

Ceux qui passaient par là disaient en blasphémant :
— Puisqu'il est fils de Dieu, qu'il se sauve lui-même ! —
Et suivaient leur chemin, lui jetant anathème.
Les soldats accroupis jouaient son vêtement.
Quelquefois, pour le voir, ils relevaient la tête;
Ils faisaient leur métier comme dans un combat.
Lui mourait lentement par ce jour de sabbat
Comme un obscur prophète.

XII

Sa mère cependant était à quelques pas.
Les soldats l'avaient vue et l'avaient tolérée.
Elle le regardait et restait éplorée;
Jean, le disciple aimé, la soutenait du bras.
Jésus s'émut, voyant cette douleur amère.
Il tint longtemps sur eux ses regards attendris,
Puis leur dit tour à tour : — Femme, voilà ton fils,
Et toi, voilà ta mère.

XIII

Il dit après : — J'ai soif. — Un soldat l'entendit.
Du vinaigre était là qu'on lui mit au visage.

Jésus, se détournant, écarta ce breuvage,
Soupira fortement, puis il rendit l'esprit.
Un des soldats alors le perça de sa lance
Et sut qu'il était mort à sa tranquillité,
Car on voyait le sang et l'eau, de son côté
Jaillir en abondance.

XIV

Et, sitôt qu'il fut mort, ô suprêmes moments,
Le monde se vêtit de deuil et d'épouvante,
La terre à chaque pas s'ouvrit large et mouvante,
Le temple s'ébranla jusqu'en ses fondements.
Jésusalem pâlit à des clartés funèbres,
Les morts ressuscités sortirent des tombeaux,
Et tout dans la nature et les monts et les eaux
Se couvrit de ténèbres.

19 octobre.

Hélas, aujourd'hui je suis redevenu touriste. J'ai commencé par visiter le Saint-Sépulcre. C'est moins un monument qu'un assemblage irrégulier de coupoles surmontant les chapelles des différents cultes. Après avoir franchi la porte d'entrée, on trouve comme antichambre de l'église un corps-de-garde turc. Ces quatre ou cinq soldats, fumant accroupis leur chibouk sous les voûtes saintes, en face de l'autel, produisent un singulier effet. Ce sont les gardiens du Saint-Sépulcre, et leur tâche n'est pas une sinécure. Il leur faut parfois rétablir l'ordre, sinon la concorde, entre les prêtres des diverses communions. Peu causeurs par nature, calmes mais non patients, ils épuisent vite les arguments de conciliation et en viennent aux coups de plat de sabre. La paix renaît et la procession latine ne se gourme et ne s'injurie plus avec la procession grecque, sa mortelle ennemie. Ces querelles tumultueuses ne sont pas seulement une douleur pour les chrétiens, elles sont un scandale pour les Turcs. Au centre de la rotonde où sont les chapelles, s'élève le Saint-Sépulcre proprement dit. Il est en forme de catafalque revêtu de marbre blanc et jaune et soutenu par de maigres colonnes aboutissant à un dôme qui a un peu l'apparence d'une couronne. Il y a tout au-dessous la chapelle de l'Ange, ainsi nommée parce que ce fut là que l'Ange annonça la résurrection aux saintes femmes. Comme le Saint-Sépulcre est bâti sur le Golgotha, à l'endroit même où le Christ expira, on rencontre à chaque pas les places célèbres de la dernière heure de sa passion. Ici les soldats jouaient aux dés ses vêtements; là Longinus le frappa de sa lance. Mais toutes ces indications sont apocryphes et ne peuvent satisfaire qu'une curiosité vulgaire. D'après la tradition la plus généralement répandue, ce fut un miracle qui révéla en 326 à l'impératrice Hélène l'existence des lieux saints. On ne connaissait d'eux que celui où le drame s'était dénoué, le Calvaire. Aussi préférerais-je au Saint-Sépulcre le monticule aride du Golgotha planté à son sommet d'une grande croix. On y reverrait, au gré de son imagination et de son cœur, les dernières scènes de la passion. On ne serait point distrait de regard et de pensée par les assertions erronées de l'ignorance et de la crédulité. J'en dirai autant pour la Voie douloureuse. J'aime mieux prier dans une humble église de village, aux quatorze stations naïvement peintes et suspendues au mur, que de suivre d'étroites ruelles depuis la porte Saint-Étienne jusqu'au Saint-Sépulcre, en m'arrêtant devant un hôpital militaire qui était autrefois la maison du mauvais riche et devant la maison du Juif-Errant, qui est d'invention récente.

Je suis sorti de la ville et je suis retourné, non point au mont des Oliviers dont je veux garder les impressions telles que me les ont données la nuit, le silence, une certaine tristesse de cœur, mais à la vallée de Josaphat. Ces grandes taches blanches dont elle m'avait apparue semée sont en effet des tombeaux. Les Juifs veulent être ensevelis sous le sol même où ils doivent ressusciter. Les plus remarquables de ces tombeaux sont ceux d'Absalon et de Zacharie. Ces énormes blocs en forme de cercueils semblent surgir du rocher qu'on aurait creusé tout à l'entour. J'ai parcouru ensuite la vallée de Josaphat jusqu'à la fontaine de Siloé où la Vierge allait, dit-on, laver ses vêtements. C'est une petite citerne à laquelle on descend par des marches. Plus loin une plaine à pente douce entraîne le regard dans les larges et profondes gorges des montagnes volcaniques de Jéricho et de Saint-Saba, et la mer Morte finit l'horizon. J'ai contemplé par un soleil de plomb cet immense paysage que je ne pouvais visiter que de loin. J'ai vu le Jourdain rouler sur ses cailloux et tracer sa marche sinueuse vers le lac immobile dont son tribut n'agite point les eaux. La mer Morte s'étendait sans ondulation comme un miroir d'acier poli. C'est dans son lit de bitume creusé par l'éruption des volcans, qu'ont été englouties Sodome et Gomorrhe; c'est sur ses bords que croît l'arbre de Sodome, qui produit une pomme agréable à l'œil mais amère à la bouche et pleine de cendre, — image des plaisirs coupables qu'on n'éprouve pas sans rencontrer le dégoût et qui ne laissent que le vide après eux.

XXI

En route, 22 octobre.

Je suis reparti hier de Jérusalem. Cette fois-ci je ne me suis pas contenté de mon moukre qui désirait d'ailleurs retourner à Jaffa. J'ai été séduit par le drogman qui m'avait conduit à la vallée de Josaphat; c'est un homme très-érudit, qui discute avec les moines et leur prouve qu'ils ont tort, qui parle aisément plusieurs langues et cause volontiers des voyageurs de distinction qu'il a conduits. Il a été, il y a quelques mois, le drogman de la jeune et hardie princesse qui s'est embarquée dans le ballon de Nadar et a fait le voyage de Hanovre. Nous avons laissé à droite les tombeaux des Rois et nous avons suivi pendant longtemps un vallon pierreux parsemé de roches sépulcrales. De loin en loin, parmi les plateaux arides et dans des gorges nues et tristes, nous rencontrions des ruines informes. Le ciel était aussi beau que pendant la route de Jaffa à Jérusalem, mais un peu fatigué de mes courses, j'étais moins disposé à la rêverie. Je dormais à demi sur mon cheval, en tête de mon escorte qui se montait à trois hommes et cinq bêtes, et je répondais avec distraction aux discours de mon drogman. Après avoir soupé et pris quelques heures de repos dans un khan inhabité, je me suis remis en route et je suis arrivé à Naplouse le matin vers midi.

Je n'ai pas voulu entrer dans la ville et j'ai campé sous des oliviers. Tout en déjeunant, je voyais parfaitement Naplouse, l'antique Sichem des patriarches. La ville, de forme allongée, s'étage sur les premières pentes du mont Garizim qui la domine de ses hautes parois de rochers. Avec ses murailles crénelées et blanchies à la chaux, elle apparaît toute blanche au milieu de nombreux bouquets d'arbres. J'apprends de mon drogman que Junot, après la bataille du mont Thabor, n'avait pu s'emparer de Naplouse. Ce nom de Junot, auquel je m'attendais bien peu, m'a fait penser qu'en effet l'armée d'Égypte est venue ici. Elle a longé tout le littoral de la Syrie pour s'arrêter avec la gigantesque fortune que Bonaparte rêvait en Orient, dans l'Inde et dans la Chine, devant les murs de Saint-Jean-d'Acre. Les bruyantes images des vieux soldats républicains, en pantalon de coutil rayé, en chapeau à plumes, aux buffleteries en croix, entonnant la *Marseillaise* au son du fifre et du tambour, passent devant moi et m'étonnent dans ce pays de contemplation et d'immobilité. C'est qu'à Naplouse on est en pleine Genèse, en pleine terre biblique. Toute cette contrée est un mélange de désert et d'oasis, de collines toutes vertes et de grands espaces de sable d'où surgissent de beaux palmiers. On ne voit pas de Turcs, mais des Arabes habillés de leur burnous blanc serré autour de la tête par une corde en poil de chameau. Ainsi s'habillaient, s'il faut en croire Horace Vernet, Isaac et Jacob. D'un peu loin, on peut s'imaginer les femmes et les filles des patriarches, dans ces femmes de haute taille, d'une libre et fière allure, vêtues d'une tunique bleue nouée au milieu du corps, et qui portent sur la tête des amphores vides ou pleines en les soutenant d'un de leurs bras arrondi avec grâce.

De Naplouse à Nazareth le paysage s'empreint par endroits d'un charme extrême et d'autant plus vif, qu'il est rare dans cet Orient si couvert de montagnes et si brûlé du soleil. La Galilée n'a que de très-hautes collines, aux larges croupes, aux lignes pures. Par cette belle après-midi, sous ce ciel d'un azur attiédi, la lumière oscille et flotte dans l'air. Je comprends les disciples du Christ qui le voyaient s'avancer vers eux dans un cercle de clarté. Je suis arrivé à Nazareth avec les premières ombres de la nuit. Je ferme les yeux pour ne point trop voir ses rues étroites, escarpées, presque impraticables, et converties pour la plupart en trous à fumier.

Aujourd'hui je me suis remis en route par une série de petites vallées circulant gracieusement entre des monticules couverts de belles forêts de chênes verts, et séparant le pays de Nazareth et le désert du mont Thabor de la plaine de Caipha. J'ai campé une dernière fois à mi-chemin, et après cinq heures de cheval, j'ai aperçu de loin la rade de Caipha, le mont Carmel à gauche, et, à droite, les remparts blancs de Saint-Jean-d'Acre. La mer, légèrement houleuse, se déroulait en petites lames sur le sable du rivage, et *le Cacique*, un peu au large, se balançait avec bonhomie sur les flots.

XXII

Caipha, 25 octobre.

Je m'aperçois que j'ai oublié de dire comment *le Cacique*, que j'ai laissé à Jaffa, est mouillé à Caipha, vingt-cinq lieues plus au nord. C'est que les princesses ont voulu faire le voyage complet par Jaffa, Jérusalem, la mer Morte, Naplouse et Caipha, et que *le Cacique* est allé les attendre à leur point d'arrivée. D'ailleurs elles ont fait seules le pèlerinage avec le commandant, l'officier d'ordonnance de l'Empereur, et le docteur. Le Prince a renoncé au voyage de Jérusalem, trop fatigant pour lui, et est resté sur *le Cacique*, que le lieutenant, le soir même du départ des princesses, a conduit de Jaffa à Caipha. Je retrouve le Prince, les officiers et l'équipage enchantés de la relâche de Caipha. Le Prince s'est installé à terre, à deux portées de fusil de la plage. La très-petite maison qu'il habite n'a qu'un rez-de-chaussée servant de cave, d'office et de cuisine, et, au premier étage une terrasse au-dessus de laquelle on a disposé un toit en feuillage. De plain-pied avec cette terrasse, s'ouvrant sur elle par une porte et deux étroites fenêtres assez semblables à des meurtrières, est une chambre de 3 mètres de long sur 2 de large. Le prince assure que c'est tout ce qu'il lui faut pour dormir et passer ses journées à lire, à fumer et à causer sur la terrasse. Le site est ravissant : le jardin qui entoure la maison est fermé de haies de cactus à fleurs rouges et planté, dans un riant désordre, de figuiers, de citronniers et d'arbousiers. Au delà, du sable fin de la plage s'élancent de hauts palmiers. Le long de la mer où les lames, suivant le calme ou la brise, viennent mourir en un liseré d'argent ou jaillir en écume, on voit défiler les chameaux des caravanes ou courir sur leurs chevaux syriens les spahis du pacha d'Acre. Au large, les bâtiments qui se rendent à Beyrout ou à Jaffa, inclinent leurs voiles blanches sur les flots bleus. Quand nous allons voir le Prince dans l'après-midi, nous restons parfois silencieux à contempler cette nature calme et vivante tout ensemble, et à goûter ce repos contemplatif, particulier à l'Orient et dont j'ai déjà parlé, qui consiste dans le vague de la pensée et le bien-être des sens.

Nous vivons, plus que nous ne l'avions encore fait, dans l'intimité du Prince, et nous l'aimons beaucoup. Il a toujours pour chacun de nous une bonne parole et un sourire. Sa belle physionomie s'éclaire d'une cordialité bienveillante. Il est indulgent et facile comme les hommes de vie élégante qui ont aimé le plaisir. De tels hommes restent jeunes en dépit des années par l'expression noble et gracieuse du visage, par le tour de l'esprit, par la vivacité du regard et du geste. Nous allons librement et volontiers à lui parce que nous sommes sûrs du bon accueil qu'il nous fera, et s'il nous accueille ainsi, c'est peut-être parce qu'il sait de son côté que nous saisirons parfaitement l'instant où notre présence pourrait cesser d'être opportune.

Ce serait une curieuse étude à faire que celle de la bienveillance chez les grands. Je n'en veux dire que quelques mots et je ne parle, bien entendu, que de cette bienveillance banale des grands pour ceux qui les approchent, soit à la cour, soit par circonstance, qui leur sont et leur seront probablement toujours indifférents, qu'ils ont entièrement le droit de ne pas admettre dans leur intimité, mais qu'ils ne peuvent, dans les relations du monde, traiter en subalternes.

Ceci posé, il y a chez les grands trois sortes de bienveillance : la bienveillance réelle, la bienveillance voulue, la bienveillance stricte.

La bienveillance réelle est un don de naissance et cela peut se prendre dans un double sens. Les souverains absolus et les très-grands seigneurs se montrent facilement bienveillants. C'est le fait de toute puissance incontestée d'être aisément abordable. La bienveillance réelle provient de cette générosité de caractère qui craint de blesser ceux que la fortune, le hasard, un mérite moins grand ont placés dans une position plus humble. Elle se révèle dans les moindres choses, dans la grâce du sourire, dans un mot, dans l'intonation qu'on lui donne. Elle possède à un degré suprême la dignité et le charme. Aussi séduit-elle tout d'abord et attache-t-elle bientôt par des liens qui se forgent d'eux-mêmes. Elle a en soi une irrésistible attraction et gagne, sans le savoir le plus souvent, les cœurs à qui elle s'adresse.

La bienveillance voulue procède de l'esprit et naît de la réflexion. Il est avantageux de s'inféoder ceux qui nous entourent, et il y a quelque plaisir et quelque supériorité à le faire. Cette bienveillance là est habile et se crée des partisans. Elle s'oublie quelquefois et peut blesser, mais elle s'empresse alors de revenir sur ses pas et de panser les plaies qu'elle a faites. On lui pardonne d'autant mieux de s'être démentie qu'il y a satisfaction d'amour-propre dans la réparation qu'elle vous offre. Elle n'a jamais de séïdes profondément dévoués, mais beaucoup de clients. On espère obtenir quelque chose à s'en rendre l'objet. En somme, elle n'a rien qui déplaise réellement, parce que, tout en s'inclinant devant elle, on la traite d'égal à égal.

La bienveillance stricte est une disposition à n'en pas avoir. Elle est le propre des parvenus. Tout offense en elle; elle a quelque chose de sec, de cassant, d'imposé. Elle serait impolie si elle osait l'être, mais elle est forcée de ne pas franchir certaines limites. Elle a son explication, non son excuse, dans la servilité trop commune de ceux qui approchent les grands. Elle accuse en même temps beaucoup plus de vanité que d'orgueil et une grande défiance de soi. On redoute la familiarité parce qu'on n'est sûr, d'aucune façon, d'être assez haut placé au-dessus d'elle. Il est naturel alors qu'on ne descende pas de son plein gré de la place où l'on craint de ne pouvoir ou de ne savoir remonter. La bienveillance stricte ne résultant pas de l'expansion du cœur ou d'un désir de plaire, n'est qu'un acte de prudence. Celui qui a affaire à elle ne tarde pas à la deviner. Elle le glace et l'éloigne.

XXIII

Caipha. — Mont Carmel, 26 octobre.

Il est inutile de parler du misérable village de Caipha, mais nous y avons sous les yeux un exemple frappant de la profonde incurie de l'Orient. Presque toujours, après avoir vu le Prince, nous suivons le rivage et nous traversons Caipha pour rejoindre notre canot qui nous attend au môle. A l'entrée du village il y a entre le port et les maisons une sorte de place ou de terrain vague. C'est là que nous avons rencontré avant-hier, couché sur le flanc, près d'un tas d'immondices, un cheval qui semblait mort. Cependant, quand nous passâmes à côté de lui, il souleva languissamment la tête. Le pauvre animal avait l'œil vitreux et le corps couvert de plaies. On nous dit que c'était un cheval abandonné qu'on laissait mourir de faim. Hier nous l'avons vu marcher en chancelant sur ses jambes et n'ayant que la peau et les os. Aujourd'hui, il était couché tout de son long en plein soleil et respirait à peine; les essaims nombreux de grosses mouches s'acharnaient à sa chair meurtrie et saignante. D'ailleurs personne n'enlèvera son cadavre qui sera dévoré en quelques jours par les chiens et les oiseaux.

Les habitants vivent dans une grande saleté, avec des maladies invétérées qu'ils ne soignent pas. Ce n'est pas tout à fait leur faute. Il n'y a d'autre médecin qu'un frère du mont Carmel qui est en même temps pharmacien pour le compte du couvent. On est venu plusieurs fois chercher le second docteur du bord, qui est un jeune homme de vingt-trois ans. Je l'ai accompagné dans sa dernière visite; il allait voir un enfant de quinze ans atteint de pneumonie. Le malade était étendu sur des nattes et de petits matelas posés à terre; tout tremblant de fièvre, il s'est incliné sur les pieds du docteur pour les baiser. La mère, accroupie près de lui, les cheveux nattés en désordre et entremêlés de sequins sous une calotte rouge, le couvrait de lambeaux d'étoffe pour qu'il n'eût pas froid. Les parents, les amis et les voisins s'étaient donné rendez-vous dans la chambre; ils étaient là une trentaine, attendant, le cou tendu et le regard fixe, ce que dirait le médecin. Un employé du consulat servait d'interprète. Cependant, le bruit de cette visite s'était répandu dans le village; quand nous sortîmes, la petite place sur laquelle donnait la maison, ressemblait à une cour des miracles : toutes les misères du corps s'y étaient donné rendez-vous. Les gens à béquilles y coudoyaient les aveugles, et les fiévreux y tremblaient dans une couverture. Si la foi seule sauvait encore ceux qui la possèdent, il eût suffi au docteur d'imposer les mains sur cette foule, et elle eût été guérie. Il vit les plus malades et fit des prescriptions que l'interprète traduisait et transcrivait. Cela a duré plus d'une heure, et le docteur a promis de revenir.

Je me suis remis en route avec lui pour le couvent du mont Carmel, où nous avions l'intention de dîner et de coucher. Le mont Carmel est la chaîne élevée de montagnes qui part du cours du Jourdain et vient finir à pic sur la mer. Du côté où nous l'abordions, en venant de Caipha, ses flancs verdoyants sont couverts d'oliviers et de chênes; mais le sentier qui le gravit, contournant la face qui regarde la mer, est creusé dans le roc. Il faut une heure environ pour parvenir au sommet. Quoique le soleil fût près de se coucher, la chaleur était fort grande encore. Nous nous arrêtâmes un moment à mi-pente, à l'entrée de la grotte du prophète Élie. Comprend-on quelque chose à cette vie des prophètes, à moins qu'elle ne soit l'exaltation religieuse servie par un beau génie. Ils se nourrissaient de sauterelles comme saint Jean-Baptiste ou demeuraient dans des grottes, à la façon des aigles, comme Élie. J'étais fatigué, et, loin de songer à imiter les prophètes, j'avoue qu'à ce moment-là ma grande préoccupation était de savoir si le lit et le dîner du couvent seraient passables. Toute la sublimité de mes désirs se bornait à une soupe aux choux; je ne rêvais que le repas du laboureur après sa journée, et du voyageur après la marche, mais j'avais grand'peur de celui de l'anachorète. La nuit se faisait quand nous atteignîmes la plate-forme où le couvent est bâti. Les constructions forment un grand carré. Les murailles sont épaisses et les fenêtres munies de grilles de fer. Tous les couvents de Syrie sont plus ou moins des citadelles; il faut, à un moment donné, y abriter les religieux et les chrétiens contre l'attaque des Turcs ou les incursions des Arabes. L'église occupe le centre; sa coupole et son clocher dominent les toits plats du monastère. Nous ne vîmes d'ailleurs personne. Deux énormes chiens seulement bondirent en aboyant jusqu'à nous comme pour annoncer notre arrivée. Un frère vint en effet nous recevoir, nous apporta d'excellent sirop au vinaigre, et, en attendant le dîner, nous laissa dans un petit salon garni d'un divan rectangulaire et d'une table chargée d'albums sur l'un desquels il nous avait priés d'écrire nos noms. Nous les feuilletâmes, mais vîmes peu de noms célèbres, peu de vers passables et des réflexions plus saugrenues et prétentieuses qu'originales ou spirituelles. Un frère français vint nous tenir compagnie quelques instants et se retira quand on nous avertit que le dîner était prêt. Le même Père qui nous avait reçus nous servit à table; je dois rendre justice au dîner qui était excellent. Ce qui nous frappait, c'était le silence de cette vaste maison. On eût dit que nous y étions seuls. Cependant, à neuf heures, nous entendîmes un chant lointain : c'étaient les religieux qui faisaient la prière du soir dans la chapelle. A dix heures, on me conduisit dans une chambre très-simple mais très-propre. Les draps, d'une exquise blancheur, sentaient les aromates. Point de miroir d'ailleurs, et, pour tout ameublement, une table en bois blanc, une chaise, et, appendue à la muraille, une gravure de saint Élie dans sa grotte. Je dormais depuis une heure environ, quand je fus réveillé par un bruit sourd et imposant : c'était la grande voix du vent dans la nuit. Je crus à quelque tempête et j'ouvris la fenêtre. Le ciel était radieux, la respiration de la mer douce et calme. Le vent grondait au-dessus de moi, bien plus haut que le mont Carmel. Est-ce donc que les tempêtes planent ainsi dans l'infini, prêtes, au premier signe de celui qui les gouverne, à s'abattre sur la terre?... J'admirai le majestueux isolement du monastère suspendu dans l'espace au-dessus des flots. La solitude des lieux élevés a toujours pour l'âme un charme secret et puissant; on s'y sent avec Dieu dans une communication plus intime et plus étroite; on y voit mieux le néant et la fragilité des plaisirs de ce monde; il semble qu'on y méditera, qu'on y poursuivra plus à l'aise les grandes œuvres de l'esprit humain. Il n'en est rien. Ces impressions ne sont que passagères. A moins d'une force de volonté rare, on n'échappe pas à l'influence de la petite communauté où l'on vit. Par une pente insensible, on se laisse aller à en. écouter les médisances et les rancunes, à en partager les préjugés. L'homme ne s'isole pas au milieu de quelques hommes : il lui faut le désert ou la foule. Cette existence trop régulière, en faisant presque une distraction attendue des repas ou des offices de chaque jour, le cercle d'habitudes inflexibles dans lequel on tourne, amoindrissent l'intelligence au lieu de l'élever. Tel jeune religieux vient au Carmel plein de ferveur, qui bientôt s'attiédit et s'oublie dans des préoccupations mesquines, dans les soins tout pratiques d'une tâche quotidienne et matérielle. Peut-être la religion le veut-elle ainsi. Tout couvent est né d'une grande pensée et en vue d'une belle œuvre, seulement il faut à l'accomplissement de cette belle œuvre, non des serviteurs illustres qui la modifient, mais d'obscurs et passifs ouvriers. — Quand je me suis levé, le frère français m'a fait monter sur la terrasse du couvent, où j'ai respiré l'air balsamique du matin. Cette terrasse, à pentes légèrement inclinées, sert de réservoir à la citerne du monastère. J'aurais voulu avoir le temps de m'y promener seul une heure en fumant mon cigare, mais j'étais forcé de retourner à bord. Je ne pus donc voir que très-rapidement la bibliothèque, où il y a dans de gros volumes reliés en parchemin et qui font plaisir à feuilleter, toutes les œuvres de saint Jérôme et des Pères de l'Église. L'église, que j'ai visitée en dernier lieu, est dallée en marbre et d'une élégante simplicité. Le chœur est fermé par une balustrade en argent, et le fond du maître-autel tendu d'un rideau rouge qui m'intrigua. Il devait cacher quelque tableau. Il se leva en effet pour nous montrer une Vierge en bois tenant l'Enfant Jésus dans ses bras. Les cierges avaient été allumés tout à l'entour, et leur lumière se piquait en paillettes aux couronnes à feuilles d'or de la Vierge et de l'Enfant Jésus. Les bons pères admiraient et semblaient ainsi nous demander quelques compliments. Nous les leur fîmes, mais nous eussions préféré, pour conserver l'heureuse impression de l'aspect général, que le rideau rouge fût resté baissé.

XXIV

En mer, 27 octobre.

Nous sommes en route pour Alexandrie, et, sauf l'Égypte que nous avons encore à voir, notre voyage est terminé. Je me rends compte de l'indéfinissable et singulier malaise que l'on éprouve en Orient. C'est que la femme n'y existe pas; elle y est enfermée comme une gazelle de prix dans les harems ou reléguée comme une bête de somme dans les soins de la domesticité. Elle ne se mêle point comme en Europe à la vie extérieure, elle n'a sa place ni dans les spectacles ni dans les fètes; elle n'anime rien de sa grâce, de sa beauté, de sa toute-puissante coquetterie. On n'a point à chercher à lui plaire; la galanterie y serait la chose la plus étrange du monde et il y aurait, je crois, quelque déshonneur ou, tout au moins, quelque abandon de sa dignité, à courtiser une femme. On ne vit en Orient qu'au milieu d'un peuple d'hommes dont les mœurs nous étonnent sans nous séduire, en dehors de cette activité de la pensée et du cœur, de ce renouvellement de désirs, de ces plaisirs de l'esprit que nous devons à la femme telle que notre civilisation l'a faite. C'est la plus chère de nos habitudes qui nous manque et nous ne tardons pas à nous en apercevoir.

Ce n'est pas que les femmes soient parfaites en France ! Ah ! bien loin de là ! En dehors de leurs vaillantes qualités de sœurs et de mères, à les envisager au seul point de vue de l'amour, je partage un peu l'avis de l'*Ami des femmes*. La femme est parfois un être subalterne et malfaisant, et pour sortir victorieux des rencontres ou des liaisons que l'on a avec cet adversaire aussi adroit, aussi changeant que Protée, il faut n'avoir aucune pitié de lui. Les femmes sont d'ailleurs assez redoutables pour qu'on ne mesure pas ses forces à leur apparente faiblesse. Shakspeare a dit qu'elles étaient perfides comme l'onde. Et, de fait, elles le sont d'instinct et naïvement. Elles ploient comme le roseau au souffle de l'orage et se redressent comme lui. Elles vivent par l'amour, par ses doutes, par ses jouissances, par ses angoisses. Elles aiment assez le danger qu'elles courent auprès d'un amant pour le créer grand s'il n'existe pas. Leur joie est d'avoir une épée de Damoclès suspendue sur leur tête et de vous dire : — C'est pour toi que je m'expose au péril, mais je n'ai pas peur. — Elles vous trompent et finissent par vous haïr. On les trompe et elles se consolent; on les a quittées noyées de larmes, on les retrouve souriantes..... Leur beauté est une armure de diamant sur laquelle tous les traits glissent sans pénétrer. Leur esprit ressemble quelque peu au miroir avec lequel on prend les alouettes. C'est un scintillement dû à la flamme du regard, à l'inflexion de la voix, à la promptitude du geste, au charme du sourire. Au fond, rien de bien sérieux. C'est si vrai que la plupart des vieilles femmes qui passent pour spirituelles n'ont qu'une hardiesse et une méchanceté de paroles sûres de l'impunité. Certes il est naturel qu'on les recherche et qu'on les désire, mais on ne doit, si l'on est sage, s'inquiéter ni de leurs chagrins qu'elles grossissent, ni de leurs craintes qu'elles exagèrent, ni de leur jalousie qui n'est, le plus souvent, que le dépit de leur vanité blessée.

Que j'en dirais si je continuais! Je ne parle toujours, bien entendu, que des femmes du monde un peu entourées. Elles sont tellement habituées à l'éloge qu'elles n'admettent pas la plus légère contradiction. N'être point de leur avis c'est leur manquer d'égards. Les critiquer est d'un homme sans esprit; ne les point admirer est d'un homme sans goût. Elles se décernent à elles-mêmes les compliments qu'on ne leur fait pas. Elles font mieux que personne l'omelette aux fines herbes et les affaires d'État. Je ne sais s'il y a des femmes modestes : je n'en ai connu qu'une; et tout cela n'est rien. Quand on a le malheur d'être aimé d'elles, c'est bien pis. Que de larmes il faut essuyer! que de craintes et de remords à calmer! Ne disent-elles point toutes qu'elles sacrifient en nous aimant leurs principes, leur réputation et leurs devoirs. Elles ne songent pas un instant que nous leur sacrifions bien plus souvent nous autres, et sans nous en faire un si grand mérite, notre ambition, notre carrière, l'indépendance de notre vie. Mais non, nous sommes les ingrats; elles sont les victimes. Et nous les voyons si sincères dans leur douleur qui veut être consolée que nous ne savons comment nous défendre. Or, cette réputation qu'elles n'ont pas hésité à nous sacrifier, elles la risquent tout au plus avec une extrême prudence et, au moindre soupçon qui les atteint, à la moindre circonstance qui les compromet, elles s'écrient à notre grand effroi : — Je suis perdue! — En quoi donc? A moins d'un flagrant délit qui, heureusement, ne peut se constater que bien rarement, la médisance des autres femmes chuchote simplement derrière les éventails et leur envie l'amant qu'elles ont choisi pour peu que cet amant soit un homme remarquable ou distingué. Quant aux hommes bien élevés, ils s'inclinent devant une affection sérieuse. En pareil cas, il est vrai, on ne décerne point aux femmes la quenouille de Lucrèce, mais cette quenouille est-elle un sceptre qu'elles tiennent tant à porter? Pour leurs devoirs, si elles les oublient, quelle reconnaissance si grande devons-nous leur en avoir? C'est qu'il leur plaît d'en agir ainsi et elles ne font un tel sacrifice qu'au bonheur qu'elles se promettent. Qu'un homme plein de cœur et de dévouement, mais qui ne leur plaira point, vienne leur demander leur amour, à celui-là elles ne sacrifieront ni leur réputation ni leurs devoirs, et, se drapant dans une égoïste et facile vertu, elles le laisseront se traîner à leurs pieds. Il faut être franc et ne se point payer de mots. Les femmes aiment parce qu'il leur est agréable d'aimer et elles reçoivent autant qu'elles donnent.

Hé bien, malgré tout le mal que j'essaye de dire des femmes, c'est à elles que l'Occident doit sa suprématie morale, son amour du bien, ses élans vers le progrès et vers le beau. Nous ne concevons point dans la jeunesse de plus grand bonheur que d'être aimé d'elles; nous partons vers l'inconnu en demandant au ciel d'être le plus vaillant pour être aimé de la plus belle. Et le ciel nous exauce, car celle que nous aimons est toujours la plus belle et nous nous faisons vaillants pour l'amour d'elle. Et plus tard, hélas! quand est passé pour nous ce temps des rêves enthousiastes, des prouesses du cœur, de ces heureux chagrins, voire même de ces dures vérités que l'on a quelque plaisir à dire aux femmes parce qu'on espère qu'elles s'en irriteront encore, quand l'âge mûr avec son expérience, quand la vieillesse avec sa glace sont venus, un des plus vifs attraits qui nous restent dans la vie, n'est-il pas d'assister, comme des marins retirés au port, mais encore curieux des tempêtes, à cette comédie de l'amour où les femmes, fières du rôle que nous leur avons donné, déploient tout ensemble, en actrices consommées, tant d'exquise rouerie et de bonne foi.

XXV

Alexandrie, 29 septembre.

Après avoir vécu quelque temps en Orient, on retrouve avec un vif plaisir les moindres vestiges de la civilisation. Après Smyrne, Beyrout, Jaffa, Caipha et saint Jean d'Acre, c'est une impression de ce genre que l'on ressent à Alexandrie. Déjà l'aspect de la rade est celui d'un grand port de commerce. La ville se dérobe derrière une forêt de navires de toutes nations. Dès qu'on met le pied à terre, on rencontre dans les rues une animation et un bruit qui sont loin de la morne langueur des villes turques. C'est bien encore un assemblage de maisons sordides, de bazars sombres et voûtés, une multitude grouillante en haillons, mais la physionomie générale est différente. Il y un certain effort tenté pour sortir de la barbarie. Au delà des faubourgs et de l'ancienne ville on arrive à la place des consuls, grand rectangle planté d'arbres, orné de fontaines, bordé de maisons européennes et de magasins. Ce ne sont plus des femmes turques en bottes jaunes traînées dans un araba, mais d'élégantes promeneuses en équipage. Il y a des voitures de place et des affiches de spectacle. Madame Ristori jouait hier; elle jouera demain. Le sang, qui s'était alourdi, coule plus vite dans les veines. On sent qu'on va renaître aux jouissances intelligentes. Le fez est plus rare. On voit des chapeaux noirs et des palétots. On peut lire dans les cafés le *Journal des Débats* et le *Figaro*. Il n'y a que six jours enfin d'Alexandrie à Marseille et c'est à peine si l'on relâche à Malte. Le Prince et les Princesses, au bruit des canons des forts et des navires de guerre égyptiens, sont descendus au palais n° 3 que le vice-roi a mis à leur disposition. Heureux souverain qui ne donne point même de noms à ses palais et se contente de les numéroter. Je ne parlerai point de ce palais par l'excellente raison que je ne l'ai point vu, mais il est, dit-on, splendide. Le Prince nous fait dire, à un de mes camarades et à moi, que le sort a désignés de nous trouver demain à dix heures du matin au chemin de fer. Nous l'accompagnerons dans son voyage au Caire.

Nous partons à onze heures dans les wagons du vice-roi ; et pendant deux heures nous traversons une campagne excessivement fertile qui rappelle les plaines de la Beauce et de la Normandie. Seulement l'aspect un peu monotone de cette végétation tout européenne est relevé par de grands palmiers. — De temps en temps des villages dont les maisons sont en boue et en terre. Ces villages, d'un gris terne, produisent dans leur encadrement d'arbres verts un effet singulier sur le bleu foncé du ciel. Les moindres couleurs s'y détachent avec éclat. Chaque costume d'homme ou de femme y apparaît dans un isolement pittoresque. On voit les femmes en robe bleue flottante, portant en équilibre une cruche sur leur tête ou l'y soutenant d'un de leurs bras, se diriger vers le puits, tandis que les hommes font abreuver les chameaux, les moutons à large queue, les chèvres et les ânes. Ces ânes ont la physionomie la plus éveillée du monde. Il y en a de grands et de forts comme des chevaux avec un certain air de fierté qui ne leur messied pas. A la station de Dahasi on franchit le Nil sur un pont très-hardi, dont la dernière arche est tournante pour laisser passer les navires. Ce n'est pas tout à fait le Nil. C'en est une branche, celle de Rosette. Le fleuve roule avec ampleur ses eaux jaunes et limoneuses. Un grand nombre de barques, sous leur haute et longue voile triangulaire, le descendent ou le remontent. La branche de Damiette, une heure plus loin, offre le même coup d'œil animé et vivant. La riche et féconde Égypte avec ses bois, ses eaux, ses moissons de coton, repose nos yeux fatigués des monts abrupts et du sol dénudé de la Syrie et de la Palestine. Il y a dans le wagon à escorter le Prince, outre le commandant, l'officier d'ordonnance de l'Empereur et nous, le consul général de France à Alexandrie, homme d'un esprit aimable et charmant et dont la mère porte un nom distingué dans les lettres. Il y a aussi le commandant de la marine française à Alexandrie; mais il ne m'appartient pas de faire, comme je le voudrais, l'éloge des marins. Il y a enfin M. de Lesseps, dont le nom est tellement connu que je ne puis lui laisser le voile de l'anonyme. M. de Lesseps venait s'embarquer à Alexandrie pour retourner en France quand il a été informé de l'arrivée du Prince. Il s'est offert aussitôt au Prince et aux Princesses pour leur servir de cicerone en Égypte, et cette offre était une trop bonne fortune pour qu'on ne l'acceptât point, dût-on en user pour aller non-seulement jusqu'au Caire, mais jusqu'à Suez. M. de Lesseps raconte en ce moment l'histoire de Joseph et de madame Putiphar. D'après les recherches consciencieuses du savant et humoristique directeur du Musée Égyptien au Caire — nous devons faire bientôt sa connaissance — madame Putiphar aurait eu soixante-dix ans, ce qui explique la vertu de Joseph. Toutefois cela n'est pas d'accord avec le Coran qui, sans rien dire de l'âge de madame Putiphar, prétend que Joseph ne demeura point complétement insensible et qu'il eût succombé si Dieu ne l'avait point secouru. On rencontre de jolis détails dans la version du Coran comme dans la Bible. Madame Putiphar accuse Joseph auprès de son mari qu'elle persuade aisément... Mais survient alors un ami du mari, aussi judicieux que maladroit : Si la tunique de Joseph, dit-il, est déchirée par devant, c'est qu'il est coupable; si elle l'est par derrière, c'est qu'il est innocent. — Or, la tunique de Joseph est déchirée par derrière. Madame Putiphar est décidément compromise. Elle ne se déconcerte point et invite ses amies à un festin auquel assiste Joseph. Joseph est d'une si rare beauté, que les femmes qui sont là, tout entières à l'admirer, se coupent les doigt par distraction en pelant les fruits qu'on leur a servis. — Accusez-moi donc encore! s'écrie madame Putiphar. Et, de fait, aucune femme ne songe plus à l'accuser, mais toutes s'empressent autour de Joseph qui, plus que jamais, a un pressant besoin de l'assistance de Dieu.

Cependant, à cinq heures, nous arrivions au Caire, où les voitures de la cour attendent le Prince. Il monte avec les Princesses et M. de Lesseps dans une calèche à quatre chevaux attelée à la Daumont d'une façon irréprochable. Nous montons dans les voitures qui suivent et nous prenons la belle avenue de Choubra, plantée d'acacias et de sycomores dont les branches, se rejoignant, forment un dôme de verdure impénétrable au soleil. Des deux côtés sont d'élégantes et riches villas. A mi-longueur de l'avenue, les voitures, que précèdent trente spahis à cheval et des coureurs à pied, entrent au galop dans la cour et sous le péristyle de Cast-el-Nogaz qui doit servir de résidence au Prince. Ce palais-ci a du moins un nom. C'est le palais des Roses. Il est à deux étages avec deux galeries en bois à balustrades découpées et abritées par des stores de soie. Tout autour se groupent des massifs de roses, de tulipes et de soucis. Le jardin n'est point clos de murs, mais d'un balcon treillagé et surmonté d'un toit à clochetons. L'intérieur du palais est plein de magnificence. La salle à manger, où nous ne tardâmes pas à nous rendre, est à la fois splendide et charmante. Le plafond, creusé en coupole, a la forme d'une ellipse. Une longue guirlande de pampres verts rehaussés de filets d'or en suit la ligne ondulée et s'entremêle çà et là de grappes de raisin et de fruits. Cette décoration, placée à une grande hauteur, est très-sobre malgré sa richesse. Ce qui lui donne un cachet d'attrayante originalité, c'est le grand nombre d'oiseaux qui, venant librement des jardins dans la salle, décrivent de grands cercles sous la coupole et se réfugient avec des cris joyeux et un bruit d'ailes dans le creux des pampres et des raisins. On les dirait trompés, comme du temps de Xeuxis et d'Apelles, par les imitations du peintre. Aux quatre coins de la salle sont d'énormes candélabres d'argent, en pied, de trois mètres de haut, portant chacun soixante bougies, D'autres, plus petits, également en argent, posés sur la table, simulent des palmiers dont la tige rugueuse s'épanouit en volutes, et ont pour supports des amours ou des satyres. Le dîner, d'une grande richesse, est servi à l'européenne par des domestiques qui ne rappellent en rien ceux du sultan. Le luxe barbare de l'Asie a disparu pour faire place au luxe confortable et intelligent de l'Occident. Les chambres où nous nous retirons après avoir pris congé du Prince sont tendues de reps ou de lampas. Les lits sont d'argent à colonnes droites qui montent jusqu'au plafond ou qui, se recourbant à une certaine hauteur, convergent à une boule surmontée d'un croissant. De grandes moustiquaires en gaze brochée de fils d'argent et d'or indiquent cependant que ce palais des Mille et une nuits a les hôtes incommodes de la plus humble chaumière. Nous entr'ouvrons avec précaution nos moustiquaires pour entrer dans nos lits et, après quelque étonnement de trouver des matelas et des traversins en soie, nous nous endormons au bruit des fanfares que les moustiques, exilés en dehors de notre couche, sonnent désespérément dans la nuit.

31 octobre.

Ce matin je me suis levé de bonne heure et me suis promené dans le jardin. C'est une rare bonne fortune pour les marins que ces matinées toutes trempées de senteur et de rosée parmi les arbres et les fleurs. On y trouve avec une vivacité extrême les souvenirs éloignés de l'enfance. On y respire la vie, et pour quelques instants on se prend à la regretter. On ne voit plus autour de soi les matelots, pieds nus, lavant le pont, mais des palefreniers qui soignent les chevaux, les jardiniers qui vont de plate bande en plate-bande avec un arrosoir ou qui ratissent les allées. Il paraitrait donc qu'il y a le matin des gens de terre qui vivent sans se douter de la propreté d'un navire et du service des embarcations.

Il y a eu les deux visites officielles du Prince au vice-roi et du vice-roi au Prince. Dans la première, le Prince, suivi des officiers du *Cacique* en grande tenue, a été reçu par le vice-roi entouré de ses ministres et de ses aides de camp. Dans la seconde, le vice-roi, accompagné de ses aides de camp, a été reçu par le Prince entouré des officiers du *Cacique*. A la citadelle on a servi du café et des pipes. Au palais des Roses on a apporté des cigares et du café. Ces visites, que l'étiquette a réglées jusque dans leurs moindres détails, ne sont pas ennuyeuses pour ceux qui n'y jouent qu'un rôle muet. C'est un spectacle intéressant quand on n'en abuse pas. On regarde avec curiosité les augustes visiteurs qui se disent à intervalles réglés quelques mots aimables. On connaît le Prince qui a très-grand air dans ces circonstances-là. Quant au vice-roi, c'est un homme de quarante ans, assez gros, mais d'une physionomie intelligente, spirituelle et très-bienveillante. Il a été élevé à Paris et dans ses plaisirs, dont quelques-uns viennent parfois le chercher au Caire. Il leur fait bon accueil et les remercie en diamants de la jeunesse heureuse qu'ils ressuscitent quelques heures pour lui au milieu des splendeurs pesantes et quelque peu sinistres d'une royauté qu'une tasse de café perfidement sucrée ou une barque pavoisée s'ouvrant soudainement sur le Nil peuvent lui ravir. L'Égypte, hélas, ne marche pas si vite au progrès et n'est pas tellement séparée de la Turquie qu'il n'y ait encore tout près du trône, et comme par une tradition naturelle qui ne surprend personne, des eunuques et des femmes au service des conspirations de famille.

Dans l'après-midi nous visitons le Caire. — Encore une grande ville turque. La façade des maisons est quelquefois bariolée de grandes bandes alternativement rouges et blanches. L'étage inférieur est en pierre. Les étages supérieurs, au nombre de deux ou trois, sont en briques ou en bois. Les fenêtres sont grillées, mais les grillages, au lieu des losanges uniformes de Constantinople, ont des dessins très-variés. C'est du haut de la citadelle qu'on voit le mieux le Caire. On entre par Bab-el-Azab, qui offre un spécimen curieux d'architecture sarrasine. C'est une porte en ogive surbaissée flanquée de deux énormes tours. Je n'accorde que fort peu d'attention à la mosquée de Méhémet-Ali. Je sais bien que j'ai tort; mais, en fait de mosquée, j'en reste, comme impression vive, à Sainte-Sophie. En nous hasardant en dehors des remparts par un soleil torride qui en brûle les dalles, nous apercevons tout le panorama du Caire, avec le champ de bataille d'Héliopolis à gauche, le Nil au fond et les pyramides dans le lointain. Presque à nos pieds est cette grande place Ezbekieh, aujourd'hui plantée d'arbres et couverte de théâtres forains, où Kléber et Murat réprimèrent autrefois la révolte du Caire. Tout cela miroite aux regards dans un flot de lumière intense et blanche. Tout auprès de nous est un étroit et sinueux repli. C'est dans ce sentier qui conduisait naguère de la porte Bab-el-Azab à la partie haute de la citadelle, que s'accomplit, le 1er mars 1811, le drame sanglant du massacre des Mamelucks, acte terrible et nécessaire, que Mahmoud imita plus tard en Turquie, qui délivra l'Égypte de la domination anarchique des beys et assura le pouvoir entre les mains de Méhémet-Ali. Il y a en bas des remparts, élevés de trente mètres, quelques-unes de ces chétives masures en torchis et à toit plat, si communes en Égypte. On raconte qu'un seul Mameluck échappa au massacre en se précipitant dans l'espace avec son cheval. Il tomba sur le toit d'une de ces maisons, l'effondra, mais fut sauvé. On aperçoit encore un toit béant. Peut-être est-ce celui-là, car, en Orient, on ne répare rien de ce qui s'est brisé. La chaleur est si forte que nous remontons vite en voiture pour aller visiter le tombeau des califes. Ce sont de petites mosquées, au nombre de vingt, resserrées dans un étroit espace. Nous frappons à l'une d'elles sans pouvoir nous faire ouvrir. Elles sont situées dans un quartier abandonné du Caire. Ce ne sont autour d'elles que pans de murs écroulés, toits ouverts et portes vermoulues. Dans ces masures, qui doivent être le soir des repaires de mendiants ou de voleurs, il y a quelques femmes hâves et déguenillées qui étendent des haillons sur une corde. Nous leur donnons quelque menue monnaie pour leur payer l'hospitalité que nous prenons à l'ombre d'une vieille muraille en ruines. Elles s'étaient enfuies d'abord à notre approche, puis étaient revenues nous examiner curieusement comme des bêtes fauves à qui l'on ne fait point de mal. Nous retraversons le Caire au milieu d'une foule si épaisse et de tels embarras de chariots et de chameaux, que nos voitures, malgré les cawas et les coureurs à pied qui essaient de leur frayer un passage à coups de bâton, sont forcées d'aller au pas. A Alexandrie, comme au Caire, il y a une horrible plaie, le mal d'yeux. Sur trois habitants que l'on rencontre, l'un est aveugle, l'autre borgne et le troisième a les yeux malades. Nul d'ailleurs ne se soigne. Les petits enfants, que les femmes du peuple portent à califourchon sur leurs épaules, ont les yeux fermés par la cire purulente qui les borde. Les mouches, par plaques nombreuses, s'attaquent à cette cire et s'y engluent. Les enfants ni les mères ne songent à chasser ces hideux insectes. C'est la fraîcheur humide des nuits et la fine et pénétrante poussière que le vent, pendant la journée, soulève en tourbillons, qui causent ces ophthalmies si fréquentes. L'incurie et la malpropreté les perpétuent. Heureusement qu'en cette étrange ville du Caire on fait les rencontres les plus contraires, et qu'on passe vite d'un spectacle à un autre. Une jeune femme, fort élégante et fort jolie, nous croise en calèche, se lève à demi et jette un cri en reconnaissant l'un de nous. J'apprends que c'est la jeune femme chez qui l'on donna, il y a deux ans, à Paris, une si triste chasse à deux joueurs malencontreux que leur adroit bonheur au jeu avait trop favorisés jusque-là.

En sortant de la fournaise du Caire nous allons respirer à Choubra, tout à fait au bout de l'avenue où est situé le palais des Roses. Choubra est un lieu de plaisance créé par Méhémet-Ali, à une heure au nord du Caire, sur les bords du Nil. Il est près de cinq heures, et ces beaux jardins dessinés en allées droites, comme un parc français, sont pleins d'ombre et de fraîcheur. Il y a partout des massifs de fleurs, ce qui est rare en Égypte. Au centre de cette résidence, toute de verdure, est un beau bassin de marbre de Carrare d'un mètre et demi de profondeur, entouré d'une balustrade de marbre et d'une colonnade avec des kiosques qui s'avancent dans l'eau. Chaque angle est occupé par un divan richement décoré à l'orientale. Dans l'un de ces divans on voit le portrait de Méhémet-Ali peint en 1848. Le redoutable et rusé vieillard avait alors quatre-vingts ans. Sa physionomie a la blancheur un peu mate et les rides de la vieillesse, mais le regard, sous d'épais sourcils gris, est rempli de volonté et de feu. Méhémet-Ali affectionnait Choubra dans ses dernières années. C'est sur ce beau bassin que, la nuit, à la douce clarté de la lune ou aux lueurs de mille torches, il se faisait traîner dans sa barque par ses femmes à demi nues, tandis que d'invisibles orchestres, mélancoliques ou bruyants, suivant l'ordonnance de la fête, jetaient leurs symphonies dans l'air. Aujourd'hui, le prince, son petit-fils, a des goûts d'artiste, mais des plaisirs moins raffinés. Il s'est peint lui-même à la chasse dans une grande toile inachevée. Quelques amis l'entourent et des paysans lui rapportent son gibier qu'ils ont ramassé. Sauf un peu de décousu dans l'ensemble de la composition, chaque tête a de l'expression. Les chevaux, soufflant la fumée par les naseaux, sortent bien de la toile.

Pourquoi faut-il que, à deux pas de l'atelier, on voie les longues et élégantes colonnades du bassin obstruées de balles de coton que l'on coud et qu'on empile. Hélas! le prince engrange sa récolte et les voluptueuses néréides du vieux Méhémet-Ali se sont changées en robustes filles de travail au teint hâlé et aux bras rouges.

XXVI

Suez, 1er novembre.

On sort du Caire en chemin de fer au milieu de jardins et de vergers, mais à peine a-t-on dépassé le champ de bataille d'Héliopolis qu'on entre dans le désert. Je ne puis le voir comme je le voudrais à cause de la brume de novembre qui s'étend au-dessus et me le dérobe à demi. Il est de très-bonne heure, d'ailleurs, et chacun s'accote plus ou moins dans son coin. Nous mettons à peu près quatre heures à franchir les quarante lieues qui séparent le Caire de Suez. Le Prince est reçu par les autorités turques, les agents des Messageries impériales et ceux de la Compagnie de l'isthme de Suez, qui l'accompagnent au kiosque qu'il doit occuper. Les soldats forment la haie et une petite pièce d'artillerie fait à elle seule un salut de vingt et un coups si précipités que je crains à chaque instant de voir le bras du chargeur emporté. Le kiosque, résidence du vice-roi, est une très-jolie villa en bois confortablement meublée et située sur une éminence d'où l'on découvre les bords de la mer Rouge et la ville naissante de Suez, qui sera peut-être un jour une des capitales du monde. Elle se construit, en ville qui a confiance dans ses destinées, de belles maisons à plusieurs étages, de grands docks et de larges quais. Le déjeuner s'achève un peu à la hâte, car M. de Lesseps veut conduire le Prince et les Princesses à son campement du canal d'eau douce, à dix lieues dans le désert, et il faut toute la journée pour aller et revenir. On part dans une barque qui a un roof à l'arrière et que remorquent trois dromadaires. Ils vont de leur pas allongé ou au petit trot sur la berge du canal, et nous laissons derrière nous un sillage de trois lieues à l'heure. Au bout de quelques minutes Suez a disparu et le désert a commencé. Il s'étend à perte de vue, sous un soleil torride, en immobiles ondulations de sable. On compare quelquefois le désert à la mer. Il ne lui ressemble en rien. La mer est une individualité animée et vivante, joyeuse ou sombre. Elle respire, elle se courrouce, elle s'apaise, elle a son murmure et ses bruits. Le désert, monotone et morne, a le triste silence des lieux morts. Aussi le canal d'eau douce n'est pas seulement une merveille et un bienfait, il apparaît encore comme un guide et un ami. Avec lui on ne se sent plus perdu dans la solitude. On échappe au redoutable aspect du néant. Cette eau qui court et qui vit fertilise déjà le sable jaune de ses rives. Çà et là il y pousse des brins d'herbes, des roseaux qui grandiront. Ils sont bien petits encore, mais, malgré soi, on se prend à les regarder avec intérêt, presque à les aimer. Ces imperceptibles chênes-lièges sont une conquête de la civilisation et du génie de l'homme sur le désert.

Vers deux heures de l'après-midi nous arrivons au campement. Depuis que le vice-roi a retiré ses corvées, il ne reste plus environ que cent vingt à deux cents pionniers à veiller sur les travaux, pour lesquels on attend des machines et des dragues, à garder les magasins et les outils. Les chefs de peloton, les conducteurs viennent au-devant de la barque. Tous ont de rudes visages hâlés et brunis par une vie d'aventures et où la barbe croît à sa guise. Leurs vêtements ont le débraillé des courses et de la fatigue. Tous ne sont pas Français. Il y a des Espagnols et des Anglais ; mais telle est l'influence d'une grande et généreuse idée, que ces hommes ont une commune expression de traits. On y lit l'habitude et le dédain du danger, la persévérance à combattre les obstacles et la certitude d'en triompher. Ils reçoivent le Prince avec empressement et respect, car sa présence à l'isthme de Suez est pour eux la preuve que la France ne reste pas indifférente à leur entreprise. Ils ont pour M. de Lesseps un accueil plein de chaleur et de dévouement. Il les regarde, leur sourit, leur tend la main. Il se sent bien chez lui au milieu d'eux. Tout aussitôt on amène des dromadaires pour aller visiter les travaux. Mais ce n'est pas une petite affaire, après s'être mis en selle sur l'animal accroupi, que de s'y maintenir pendant qu'il se relève. Il faut d'abord se pencher en arrière dans sa première évolution quand sa croupe reprend son niveau de marche, puis se pencher vers le garrot au moment où il se redresse sur ses pieds de devant. Il marche, et ses mouvements ont quelque chose du tangage d'un navire. Il trotte, et le plus rude trot de cheval de haquet n'est qu'un mouvement d'escarpolette auprès du sien. On arrive, au milieu des rires de la chevauchée, presque aux travaux, qui ne sont guères qu'à un kilomètre. Alors, aussi loin que peut s'étendre le regard, à droite vers Suez, à gauche du côté de Port-Saïd, s'offre une large tranchée de soixante-dix mètres de largeur sur sept de profondeur. Toutefois cet immense travail ne serait rien par lui-même si l'on ne songeait aux difficultés qu'on a eues pour l'accomplir. Il a fallu transporter vingt mille ouvriers en plein désert, les y nourrir et les abreuver, établir parmi eux la discipline et le bon ordre, s'en faire comprendre, car la confusion des langues était là comme à la tour de Babel, les mener avec soi comme une horde lorsqu'on changeait de campement et, mieux que par les punitions et l'appât du gain, les exciter par une confiance, par une gaieté, par une solidité de nerfs de toutes les heures, à cette œuvre gigantesque qui pour le plus grand nombre était lettre close. — M. de Lesseps a fait tout cela et, à coup sûr, ce qu'il y a de plus remarquable et de plus curieux dans l'isthme de Suez, c'est lui. A cinquante-neuf ans, M. de Lesseps a le feu et l'activité d'un jeune homme de vingt-cinq, mais avec toute la maturité, toute la froideur de l'expérience. Il est enthousiaste, mais à ses heures, quand il peut se donner le plaisir de l'être. Autrement il voit juste et vite, tranche sans faiblesse dans les illusions dont un autre que lui se bercerait, compte les obstacles, les mesure, marche droit à eux s'il croit pouvoir les emporter de vive force, ou les tourne avec une habileté de diplomate. La lutte incessante à laquelle il se voit contraint ne l'irrite ni ne le décourage. Elle l'attire; il s'y meut à l'aise. Elle est presque son élément et sa vie. Il a d'ailleurs l'heureuse insouciance des gens qui ont foi en eux et dans leur œuvre. De loin en loin il se retrempe dans les plaisirs. Il sait oublier momentanément de parti pris le but auquel il tend pour y courir ensuite avec une volonté plus vaillante et plus âpre. C'est s'arrêter pour reprendre des forces. Il est de ceux qui usent autour d'eux hommes et choses en se renouvelant eux-mêmes. Du reste, au moral comme au physique, son tempérament est celui de l'athlète. Son front intelligent s'élargit sous des cheveux blancs coupés ras qui ne le vieillissent pas. Ses yeux très-vifs, sous des sourcils noirs, révèlent l'énergie de l'âme et l'intensité de la pensée. La bouche, quoique à demi cachée par une moustache serrée, drue, un peu raide, est spirituelle mais sceptique. Si le doute a pris quelquefois M. de Lesseps, il s'est écrit dans la commissure légèrement sardonique des lèvres. D'amers sourires ont dû passer par là et y laisser leur empreinte. A part cela le visage entier brun et coloré resplendit de vigueur et de santé. Le corps a bien servi les desseins de l'âme. M. de Lesseps est de taille moyenne, mais bien prise avec un peu plus d'embonpoint que de maigreur. Il a toute la liberté, toute l'agilité de ses mouvements. Il s'est tellement habitué à la fatigue qu'elle n'existe plus pour lui. J'ai dit qu'il allait s'embarquer à Alexandrie pour retourner en France — il en arrivait il y a quinze jours — lorsqu'il avait appris le débarquement du Prince et s'était mis aussitôt à la disposition de son Altesse. Avant-hier il est venu d'Alexandrie au Caire, et après avoir causé de la plus aimable façon tout le jour, tantôt en racontant l'histoire de madame Putiphar, tantôt en s'entretenant avec le Prince des intérêts et des ressources de l'Égypte, il a le soir expédié vingt lettres pour préparer notre excursion à Suez. Hier il a été avec les Princesses à la citadelle, aux tombeaux des califes, à Choubra. Le soir il a soupé avec celui de nous qu'elle avait reconnu, chez la jeune femme de la calèche bleue. A six heures du matin cependant il accourait du Caire au palais des Roses, souriant, le cigare aux lèvres, allant de chambre en chambre et éveillant amicalement les dormeurs. Tout à l'heure il nous a tous devancés au trot allongé de son dromadaire et le voilà qui demande au Prince la permission de s'absenter quelques minutes pour visiter un poste à six cents mètres d'ici. On lui amène un cheval arabe. Il saute en selle sans se servir de l'étrier, part à fond de train et revient de même. Qu'est-ce que cela pour lui. Il y a dix jours, le dromadaire qu'il montait dans une course au désert l'a emporté pendant soixante-dix milles. C'est sur les étoiles qu'il s'est dirigé pour retrouver sa route. Ah ! la belle chose que de rester jeune et peut-être, à en juger par M. de Lesseps, ne faut-il pour cela que la volonté et le talent. Mais qui peut se flatter de les avoir ?

Nous partons à quatre heures et nous redescendons le canal d'eau douce aux premières ombres de la nuit. Le soleil s'est couché à l'horizon des sables. Les nuages d'un rouge vif se nuancent par degrés de teintes roses. Le désert s'emplit d'un silence presque mystérieux. Les dromadaires et les Arabes qui les montent semblent grandir sur la berge. De temps en temps les Arabes s'animent à la marche en poussant des cris et en tirant des coups de fusil. Les dromadaires, ennuyés d'aller aussi vite, s'arrêtent en grognant et se couchent. Il faut les faire se relever à coups de bâton. Ce grognement rauque et plaintif est habituel au dromadaire. C'est son éternelle prostestation contre le joug auquel on l'a courbé. Qu'on lui fasse plier les genoux pour le chargement ou le départ, il proteste encore. On raconte que, tout jeune, il a des allures gaies et sauvages. Il ne fuit pas l'homme mais ne veut de lui que de la nourriture et des caresses. Quand vient le moment de lui enseigner le travail, il se révolte. Pour peu qu'on insiste, il se met à ruer et à mordre. Il faut alors s'en rendre maître et le frapper à coups redoublés. Il reçoit les coups et ne cède pas, on le frappe plus longtemps et plus fort. Enfin deux grosses larmes roulent de ses yeux et il s'agenouille. Il est dompté, non soumis. Et dès lors aussi cet air méditatif qui lui est propre pendant la marche et cette protestation de chagrin et de colère toutes les fois que la volonté de son conducteur, quelle qu'elle soit, se manifeste à lui.

XXVII

Alexandrie, 4 novembre.

Hier matin, avant de quitter Suez, nous avons visité le beau bassin de radoub que la compagnie des Messageries impériales fait construire à l'extrémité d'une pointe de sable qui ne découvre qu'à marée basse et qu'on a convertie en jetée pour communiquer du Bassin avec la terre. C'est un travail digne de l'avenir que Suez se promet. Le bateau à vapeur qui nous y avait menés s'est dirigé de là sur l'*Impératrice Eugénie*, grand paquebot des Messageries à bord duquel Leurs Altesses avaient daigné accepter à déjeuner. Ces paquebots des messageries sont très-vastes, très-intelligemment distribués, très-luxueux même, et on y a pris toutes les précautions imaginables contre toute éventualité fâcheuse. Il y en a une assez originale. Chaque passager a au-dessus de sa couchette, à portée de la main, une ceinture de sauvetage. Je doute que, dans la tempête, la vue de cet appareil lui inspire des réflexions bien consolantes. Elle ne doit que lui montrer comme plus proche, l'instant où, perdu dans la nuit profonde et dans l'immensité, il flottera, point imperceptible sur l'Océan, à la crête des lames. Eh bien, malgré les ceintures de sauvetage, la régularité apparente du service, les appartements en palissandre et la somptuosité de la table, les paquebots ne sont pour moi que des hôtelleries. Certes, je ne leur en fais pas un crime. C'est leur destination et leur métier. Mais je regrette que les circonstances, —un mot que j'emprunte aux Anglais, que je trouve heureux et que j'emploie toutes les fois où je ne veux pas développer le sentiment qui me dicte mon opinion, — forcent les officiers de vaisseau à échanger pour commander les paquebots le service ingrat parfois, mais toujours d'une haute honorabilité, de l'État, contre le service plus lucratif, mais moins digne, d'une compagnie commerciale.

Ce matin, le Prince et le vice-roi se sont fait une visite intime, puis les adieux officiels ont eu lieu. Cependant, avant de quitter le Caire, nous avons eu le temps de visiter le Musée Égyptien. Son directeur est un de ces spirituels et aventureux Français qui se font une seconde patrie du pays qu'ils explorent et à l'histoire duquel ils s'attachent. Il a le titre de bey sans avoir succédé pour cela à la domination des Mamelucks. Il ne règne en despote que sur ses bas-reliefs, ses statues et ses momies. Chez tous les peuples les œuvres d'art ont devancé les découvertes de la science, de même que la sensation précède la réflexion chez l'enfant. Aussi l'imagination créatrice a-t-elle excellé presque tout de suite dans l'expression du beau idéal. Bien que les arts de la vieille Égypte soient au service d'une pensée religieuse mal définie encore et ne s'accusant que par des productions plus imposantes de masse que gracieuses, il y avait déjà sous la quatrième dynastie, quatre mille ans avant Jésus Christ, des statuaires que les nôtres égaleraient à peine. On reste frappé d'admiration à l'aspect de la statue qu'on appelle la statue de Chephren. Le bronze est presque doué de vie et traduit dans l'attitude, dans l'inflexion des muscles, toute la jeunesse et toute l'élégance du corps humain. Plus tard l'orfévrerie, qui indique une civilisation plus avancée, s'élève à la hauteur de l'art le plus ingénieux et le plus exquis. C'est à la XVIIIe dynastie des rois pasteurs, deux mille ans avant Jésus Christ, que remontent les beaux bijoux découverts dans la momie de la reine Aah-Hotap, mère du roi Amosis. Les plus anciens sont une barque en or massif, portée sur un chariot à roues de bronze. La forme de cette barque rappelle celle des caïks de Constantinople et des gondoles de Venise. Les rameurs sont en argent. Au centre se tient assis un petit personnage armé d'une hache et d'un bâton recourbé. A l'arrière est le timonier qui dirige la barque au moyen du seul gouvernail connu alors, c'est-à-dire par une rame à large palette. C'est d'une façon analogue, à l'aide d'une aviron de queue, que les baleiniers gouvernent à Terre-Neuve leurs embarcations. A l'avant est debout le chanteur, chargé de régler la cadence des rameurs. Près de lui sont gravés les cartouches du roi Kamès. Quant à la signification de ce monument, elle est toute symbolique. Les Égyptiens croyaient qu'avant d'arriver à sa dernière demeure l'âme devait traverser des espaces éthérés où se rencontraient des champs, des fleuves, des canaux. La barque symbolisait ce voyage dans l'autre monde. Puis vient un bracelet en or massif avec figures en or sur fond de lapis-lazuli. Ce bracelet est encore un chef-d'œuvre de gravure. Les représentations qu'on y voit sont celles de divinités funèbres. Enfin un diadème en or qui servait à retenir dans sa partie circulaire les cheveux réunis en tresses. Il est orné de deux petits sphynx accroupis à chaque extremité d'une sorte de boîte en forme de cartouche. Le nom du roi Amosis, en lettres d'or sur fond de lapis, se lit au milieu de ce cartouche. J'emprunte la description de ces bijoux à l'*Aperçu de l'Histoire d'Égypte*, ouvrage d'érudition spirituelle et profonde du directeur du Musée. Maintenant, je dois dire que c'est dans le ventre de la reine et, en général, dans le ventre de toutes les momies, qu'on a trouvé et qu'on trouve les bijoux. Aussi le directeur du Musée est-il partagé d'une façon amusante entre la crainte de perdre ses momies en les éventrant et le désir de les éventrer pour y découvrir de nouveaux trésors. Ces momies elles-mêmes sont renfermées dans trois grandes caisses allongées, entrant l'une dans l'autre. La première porte la représentation peinte avec de vives et ineffaçables couleurs du grand personnage défunt. Dans la troisième, réduite aux chétives proportions de la nature humaine, est la pauvre momie recouverte d'une toile qui adhère exactement au corps et toute serrée de bandelettes. Les bandelettes ôtées, le cadavre qui a traversé les siècles tombe en décomposition au contact de l'air. Hélas, on reste trop peu de temps à voir ces belles et curieuses choses. Il faudrait être là passionné d'antiquité et tout seul. Or, parmi les visiteurs qui se trouvent avec nous, il en est un fort étrange, que l'on a voulu un peu, je crois, offrir en spectacle aux Princesses. C'est un roi nubien qui s'était révolté et qui est venu au Caire faire sa soumission au vice-roi. On le présente aux Princesses. Il est là, tout habillé de jaune, rougissant sous sa face noire, ses grosses lèvres tremblantes, les yeux humides. Le pauvre homme est bien embarrassé. Il regarde, en balbutiant, la jeune Princesse, et lui laisse examiner une bague qu'il porte à son doigt. Il a l'air d'une bête fauve prise au piége. Que dira-t-il, en retournant chez lui, de la radieuse apparition de cette femme blanche et blonde comme il n'avait peut-être jamais soupçonné qu'il en existât. Peut-être gardera-t-il gravée dans sa mémoire et dans son cœur l'image de la jeune fille. Mais, pour le moment, il se sent à coup sûr en face d'un être inconnu de lui jusque-là, charmant et redoulable à la fois. En revanche, un jeune drôle noir, vêtu de blanc, porte avec une désinvolture parfaite la pipe de son roi. Il n'est point intimidé le moins du monde et juge avec la liberté d'esprit des très-petits des grandeurs auxquelles il sait qu'il n'atteindra jamais.

Nous sommes arrivés à Alexandrie vers sept heures du soir. L'hospitalité du vice-roi devait être complète et splendide jusqu'au bout. Des centaines de soldats, tenant à la main des torches de résine, attendaient le Prince à sa descente de wagon et l'ont escorté jusqu'au canot pavoisé de l'amiral égyptien. Partout en rade les navires s'étaient illuminés et *le Cacique*, au moment où le Prince et les Princesses accostaient le bord, a brûlé selon son habitude, ces beaux feux blancs, rouges et verts qui jettent au loin une féerique clarté sur les flots.

XXVIII

Malte, 9 novembre.

Nous voici de retour à Malte et sur le chemin de la France. La traversée depuis Alexandrie s'est faite par une mer encore belle et calme, mais moirée de reflets bruns. C'est que l'azur du ciel s'assombrit et que le soleil ne le remplit plus de tous ses feux. L'hiver n'est pas venu, mais l'automne a commencé. A terre où je suis descendu ce soir, il fait un joli petit froid. Le pavé retentit avec sonorité sous les pieds, la lumière du gaz est plus vive et, au théâtre qui s'est ouvert, on joue *Ernani*. L'orchestre est incomplet et les acteurs sont médiocres ; mais, c'est égal, cette salle de spectacle fait plaisir à voir. Il y a dans les loges beaucoup d'officiers et de jolies Anglaises.

On écoute en causant, un peu comme en Italie. La civilisation, entrevue plus brillamment peut-être à Alexandrie, est plus réelle à Malte. On s'y trouve déjà en pleine Europe.

XXIX

Toulon, 16 novembre.

Avant-hier, vers cinq heures du soir, par une belle journée d'automne où le soleil brillait mais où le vent de Nord-Ouest commençait à chasser les nuages, nous avons aperçu les côtes de Provence. *Le Cacique*, sans rien perdre de sa dignité, s'avançait avec plus de vitesse sur les flots encore paisibles. Le Prince nous a réunis dans un dîner d'adieux. Le lendemain en effet ou même dans la nuit nous devions arriver à Marseille. De semblables repas ont un caractère tout particulier. Ce n'est pas en vain que depuis deux mois on parcourt ensemble les mêmes pays, qu'on a vu les mêmes spectacles et accepté, si cléments que se soient d'ailleurs montrés les vents et les flots, les mêmes éventualités de voyage. Un commune pensée de sympathie, bienveillante d'un part, reconnaissante et respectueuse de l'autre réunissait à la table du Prince et des Princesses le différents hôtes du *Cacique*. Il y a dans cette dernièr heure d'un voyage en mer le contentement de l'œuvr accomplie, quelle qu'elle soit. C'est l'apaisement d désir réalisé, de la curiosité satisfaite. Il existe pourtant comme une ombre de regret et même de chagrin à ce bien-être moral. On sent qu'on va renoncer des habitudes qui étaient douces, à des sentiment bien divers, mais qui tous, soit qu'ils s'adressen aux hôtes que l'on avait l'honneur de conduire, a chef aimé sous lequel on servait, à l'équipage don le lien avec vous s'était resserré, remuaient l'âm d'une émotion noble et vaillante. C'est là toutefois à cette heure, plutôt de la mélancolie que de la tristesse. Rien n'est brisé encore de cette sympathi multiple dont on goûte avec plus d'abandon et d'expansion qu'on ne l'avait fait jusque-là, le charm fugitif et puissant. On ne rencontre autour de so que des visages souriants et des regards amis, et d même qu'on oublierait, s'il y en avait eu, des nuage dans le passé, on ne veut rien prévoir d'incertain e de triste au delà du présent.

Quand nous remontâmes sur le pont, il était prè

de neuf heures et l'on voyait briller sur la côte légèrement embrumée les feux de Titan et de Porquerolles. La mer restait à peu près calme à l'abri des terres, mais le vent s'était levé et fraîchissait de moment en moment. Il était probable que nous n'atteindrions pas Marseille sans quelques heures de lutte et de tangage. Nous ne voulions pas que ce voyage de trois mois, si favorisé d'un éternel soleil, se terminât par un coup de vent. Pour cela il n'y avait qu'à s'incliner devant la tempête qui menaçait encore avant de frapper et à laisser porter sur Toulon. Le commandant prit les ordres du Prince et à onze heures du soir nous mouillions en rade au milieu des vaisseaux de l'escadre.

Hier a été le jour réel des adieux. Les Princesses sont parties les premières dans la matinée avec le préfet maritime pour visiter l'arsenal et la rade. Le Prince est resté à bord. Toulon a, en effet, pour lui de tristes souvenirs qu'il a voulu écarter le plus possible en ne descendant pas à terre. C'est de Toulon que l'infortuné et brillant héros qui fut son père partit autrefois pour reconquérir son royaume dont le sol ingrat, dès qu'il l'eut touché, devint son tombeau. Nous avons passé cette nuit devant la petite maison sur la côte où il médita quelques jours la dernière entreprise de son aventureuse carrière.

Nous avons encore, cette après-midi, fait cercle autour du Prince, et son affabilité toujours si indulgente et si gracieuse, nous a fait sentir plus vivement le regret de le quitter. Le soir, à huit heures, nous avons pris congé à la gare, du Prince et des Princesses. La Princesse-mère a donné à chacun de nous un bouquet de violettes, ces humbles et charmantes fleurs que les Bonaparte ont adoptées, les véritables fleurs du souvenir qui, longtemps même après s'être fanées, se survivent encore dans leur parfum.

Aujourd'hui c'en est fait des éphémères splendeurs du *Cacique*. Les ouvriers de l'arsenal sont venus démeubler ce matin les appartements du Prince. Nous avons vu pêle mêle dans un chaland les tentures et les canapés, les tapis et les glaces. — *Sic transit gloria mundi.* — La monotone régularité du service en rade a succédé à l'activité des courses précipitées et brillantes. Les canonniers astiquent leurs pièces et les gabiers mettent de l'ordre dans la mâture et le gréement. *Le Cacique* semble rendu à la vie ordinaire du bord. Mais il ne l'est qu'en apparence et pour quelques jours. Chacun sait que le bâtiment va désarmer et nous nous préoccupons de ce qu'on fera de nous demain. C'est la grande question qui s'agite sans cesse dans la vie du marin. Il ignore toujours ce qu'il deviendra. Aussi dans l'aspect général du bord il y a quelque chose de décousu et d'inquiet, je dirai presque de triste. On n'est point encore séparé. On l'est déjà. On le sent à cette première solitude qu'a faite le départ du Prince et des Princesses. On les cherche malgré soi et l'on s'étonne de ne les plus voir. Quant au *Cacique* lui-même, il va retourner sans doute à son ancienne place dans le port, en attendant que de subites et nouvelles destinées le condamnent à un repos définitif ou le lancent encore dans des courses de plaisir ou dans de glorieuses fatigues.

FIN

www.ingramcontent.com/pod-product-compliance
Ingram Content Group UK Ltd.
Pitfield, Milton Keynes, MK11 3LW, UK
UKHW020309230726
13925UKWH00001B/316

9 782013 679138